古书画保护与修复基础

汪玹䩣 王平如 沈骅 编著

上海人民美術出版社

总　序

文物是历史的见证，保护文物就是保护历史；文物是文化的载体，保护文物就是传承中华文明。党的十八大以来，习近平总书记站在中华民族永续发展和中华文明永续传承的战略高度，就文物工作发表了一系列重要讲话，作出了一系列重要指示，精辟阐述了文物工作的发展方向，为新时代文物工作指明了前进方向，提供了根本遵循。

文物是不可再生的资源，保护与修复文物就是保护和恢复中华文明资源的完整性。上海视觉艺术学院充分认识到保护与修复文物的历史意义和现实意义的重要性，在老校长龚学平同志悉心关切和指导下，2008年创设了文物保护与修复专业方向，2016年9月申请目录外试点专业，并获得教育部审核批准，成为国内首创的本科新兴学科。2017年3月在国家文物局和上海市文物局的关心指导下，上海视觉艺术学院正式成立我国第一家文物保护与修复学院。2017年4月，上海市教委批准文物保护与修复专业为中本贯通试点专业。2017年9月，上海市教委批准该专业为应用型本科试点建设专业，并作为重点建设学科。2019年年底，该专业又被上海市教委遴选为市级一流本科重点建设专业，同年上海视觉艺术学院与北京大学、复旦大学、敦煌研究院等八家单位一起被国家文物局列入第二批文博人才培训基地。

学院以传统修复技艺和当代科学技术相结合的学科教学和研究为基础，既注重基础理论学习，又注重传统技艺的传承，以具有全面的学科知识结构，了解文物修复的全貌，掌握一项或多项修复技能专长为培养目标，使每位求学者成为具有文物保护使命感以及扎实专业知识和技能的新时代文物修复工作者。

学院目前下设陶瓷和青铜器保护与修复、古书画和古籍保护与修复、油画和木器保护与修复等三个主要专业方向，并通过与国内外文物保护与修复机构的交流与合作，引入了本专业所需的自然与社会学科的相关资源，建立包含修复理论基础、修复材料科学和修复工艺等三大模块的教学内容和基本框架。这在国内文物保护与修复专业的教学领域具有开创意义，同时又将历史、艺术、考古、科技等方面课程安排其中，从而建立起一个多学科结合的新型文物保护与修复教学计划和课程体系。

有鉴于此，编写一套“文物保护与修复专业系列教材”是学院近些年主抓的重点工作。经过三年的筹备和努力，在上海博物馆的鼎力支持下，《古陶瓷保护与修复基础》《古书画保护与修复基础》《青铜器修复与复制基础》以及《文物保护修复档案》付梓在即。这是由上海博物馆专家领衔，学院青年教师参与合作的成果，难能可贵也。今年乃至此后数年，我们还将继续努力完成其他教学内容的教材编写工作，使之成为一套相对完整、具有权威性的文物保护与修复系列教材。

文物保护与修复教学事业任重道远，我们当倍加努力。

“文物保护与修复专业系列教材”总主编

李学建

2024年3月

编写说明

在积极建设中国特色高质量教材体系、彰显文化自信、创新传承的新时代背景下，我国教育部又出台了多个关于普通高等学校教材管理建设的政策指示，明确规定了高校教材建设的管理职责、编审标准、奖励监督机制等内容。这些政策深入贯彻了党的二十大精神，有助于高校加快推进自主知识体系、学科专业体系、教材教学体系建设，全面加强教材建设和管理，系统构建中国特色、世界水平的高等教育本科规划教材体系，用以支撑服务高等教育，走好高质量人才自主培养之路。

上海视觉艺术学院（下称“我校”）在党和国家“立德树人之根、文化自信之魂”的方针引领下，努力开展文物保护与修复系列教材的编写工作，以此增强青年一代文化自觉，坚定文化自信，高效传播中华民族优秀传统文化，向世界讲好中国故事。

我校自2008年9月创设文物保护与修复专业方向以来，即与上海博物馆等文博单位合作办学，集聚优秀的专业师资力量，建立实操应用与理论知识互为贯通的教学模式，不断发挥科技、艺术、文物跨界融合教学优势。2016年9月，我校荣获教育部审核批准，成立了国内首创的文物保护与修复本科新兴专业；翌年春季，在国家文物局和上海市文物局的关心下，我国第一家文物保护与修复学院（下称“我院”）成立，着力于陶瓷和青铜器、书画和古籍、油画和木器保护与修复三个专业方向的课程建设。值得一提的是，我校自兴办文物保护与修复专业以来，古书画和古籍善本保护与修复方向一直备受关注，因为这种平面文物承载着十分悠久的历史文化信息和日臻完善的修复技艺。关于古书画保护与修复技艺，可追溯至古人范晔、虞和、魏徵、张彦远、米芾等。前人积极实践的理论成果，推动了近现代古书画保护与修复工艺的再度发展。20世纪以来，随着科技的进步与修复理念的更新，预防性保护和最小干预，成为这一修复领域积极提倡的观点和方法。正是人们科学严谨的保护态度，在有利于字画文物保存的同时，延续了字画文物的寿命，更促进了技艺的精益求精。

在校方和学院领导的高瞻远瞩、精心规划下，在上海博物馆专家的鼎力支持和帮助下，学院中青年教师梳理多年教学经验，集聚典型修复案例，结合专业发展特色，共同打造了这本古书画文物保护与修复的精品教材。

该教材共分七个章节：第一章，书画装裱修复概述，涵盖书画装裱修复定义类型、历史脉络、理念原则；第二章，书画装裱修复的准备工作，详细介绍了书画装裱的场地设备，工具与材料的使用方法与性能；第三、四章，主要介绍了书画装裱常见样式和操作工序；第五章，是书画现状调查与档案记录；第六章详细阐述了古书画清洗、揭裱、修补破损、全色、接笔等修复技艺；第七章，选用绫绢、纸本文物和转边手卷镶接工艺等典型案例进行分析，以呈现完备、规范的修复过程。全书最独特之处在于：其一，编写体例与文物保护与修复（纸质文物类）专业本科生课时安排相结合，适用于大学本科四年专业教学，能够循序渐进、逐步递增知识点；其二，采用修复项目与案例教学共建模式，教师带领学生“上手文物”感受文物气息，培养修复师气质和能力；其三，教材中所有形制图均按照上海博物馆书画形制手绘而成，形制规范，配色得当，整体细节完好。

我们有信心不断更新、完善该教材，力求以最佳、最真诚的状态回馈广大书画保护与修复爱好者以及众多学习该专业的学子。

目录

第一章

书画装裱
修复概述

本章主要介绍了书画装裱修复的定义与类型、历史发展脉络及修复理念原则等内容。其内容是为了帮助初学文物保护与修复专业纸质文物方向的学生建立专业知识谱系，逐步培养学生专业敏感度和认知能力，具备传统文化知识的积累和古书画保护与修复的实操应用能力。

第一节　书画装裱修复定义与类型

中国书画装裱技艺历史悠久，与传统绘画、书法艺术相伴而生，艺术创作的繁荣促进了装裱技艺的发展。中国传统书画装潢技艺发展脉络中并没有明确的书画修复概念，后者通常以“古书画揭裱”技法的形式存在于装潢工艺过程中。因此，也可将其理解为破损的古旧字画揭去原装裱，整理补缀，再加以全色、接笔，然后重新托裱的过程。

20世纪西方现代修复理论传入中国后，“书画修复”的提法出现，并与书画装潢艺术一起统称为“书画装裱与修复”，随后成为可移动文物门类中必不可少的一项。

古书画装裱与修复技艺经过历代手工艺人的传承，内容日益丰富。这一精湛技艺对弘扬中国传统文化、守护中国传统书画功不可没，同时，它经过不同的历史时期和地域特征的发展和完善，逐渐形成了符合中国特色、适宜中国书画艺术发展的装裱体系。

自明朝迁都北京后，书画装裱逐渐形成南北两种风格流派。北派以北京为中心，南派以苏杭为中心。南方地区的苏州称为“苏裱”，扬州称为“扬州裱”。南北派在师承、理念、技艺手法方面皆有所区别，形成了各自的地方特色，如“苏裱”以细腻、逼真、挺括而著称。20世纪以后，随着现代博物馆体制的引入，南北各地互相学习、融通，地方差异性逐渐变小。

思考题

1. 简单谈谈书画装裱与修复的定义。

第二节　书画装裱修复的历史脉络

我国的书画艺术源远流长。据史籍记载，纸材料发明之前，是为简牍（竹/木简）与缣帛并用时期。20世纪考古发掘证实了纸在西汉初期已出现，此后造纸技术的改进与发展，为书画装裱的出现和发展奠定了最重要的材料基础。

1973年，河南战国楚墓出土了《人物御龙帛画》，画幅顶端裹一根细竹条，上系细绳，显然有张挂之用。1972年湖南长沙马王堆汉墓出土的T形帛画（图1-1），距今已有两千多年的历史。帛画上端有竹竿用于张挂，中部与下部的两端有绦穗。上述两件帛画，已初显直幅挂轴形式的雏形，足以将我国装裱艺术的滥觞前推至距今两千多年前的战国至汉时期。

图 1-1　湖南长沙马王堆汉墓出土的 T 形帛画

东汉蔡伦改进造纸术后，纸张使用逐渐普及，慢慢取代了缣帛。根据史料记载，魏晋是我国古代艺术文化觉醒的时代，涌现了大量声名显赫、技艺超群的艺术家，如书画家钟繇、“二王”、曹不兴、卫协、顾恺之等。南朝虞龢《论书表》记述了当时官府出资重装名家书迹并清点其卷数、字数等数量信息。重装书迹主要注重轴料、防潮、纸张材料起皱不平整等问题的防护。可见，魏晋时期书画装裱工艺并不完善。

唐代张彦远《历代名画记》中专门有一篇《论装背裱轴》，是详细介绍装裱知识的理论著述。另一本《法书要录》则记录了字画装裱的相关知识，侧重唐代装裱样式及材料。

宋代画院制度建立完善，置官爵、招学士、施奖励，使书画创作之风日盛，促进了装裱技艺的发展。书画装裱样式出现了固定绫绢的色彩搭配，总结出诸多装裱技艺禁忌和注意事项，推动了装裱技艺的发展。郭若虚《图画见闻志》中记载了后梁卫将军刘彦齐“其所藏名迹，不啻千卷。每暑伏晒曝，亲自卷舒，终日不倦”。可见当时人们使用自然晾晒的方法来防止字画虫蛀、潮湿。

宋末元初，文人周密《绍兴御府书画式》一文对宫廷装裱样式配色进行总结，并提出古书画修复“修旧如旧”的原则：一是旧字画心不可多次清洗揭裱，否则会失去古意，损伤其意韵；二是旧字画心“不许裁减”，即不伤及画心。书画修复保持画面原有的气息和韵味，不可生硬破坏画面原始状态。

明朝书画装潢分为南北两派，修复原则体现在各类文人贤才的笔记文札中。例如明代张应文《清秘藏》谈书画装潢与收藏，认为使用熟纸可有效避免损伤古纸，充分体现出“修旧如旧”原则。文震亨《长物志》中提出古画若有积年累月之污垢，可用天然皂荚水清洗画心，恢复画面原有清丽。另外古纸厚者，定不可揭薄，以免损伤画面精气神。明末清初，周嘉胄《装潢志》详细谈论古书画修复与装裱经验，例如清洗、揭裱、托补、全色、接笔等工序，是书画装潢史上非常重要的理论著作之一，与清代康乾年间周二学《赏延素心录》珠联璧合，广为流传。明清至民国时期，书画装裱技艺精进，装裱形式多样化，增加了诗堂、引首等部分内容，装裱形制也愈加丰富，整体呈现出南派“平挺柔软”、北派“质地厚实”的风格。

20世纪以来，博物馆体系逐步发展，以师徒传承、馆际联合培训的形式，逐步培养出年轻的书画保护与修复人才。

思考题

1. 请根据本节内容，探讨我国书画装潢艺术各历史时期的变化。

第三节　书画装裱修复的理念和原则

近年来，国内外文物保护修复理念日趋完善，上海博物馆、南京博物院等单位根据《中华人民共和国文物保护法》《中华人民共和国文物保护行业标准》《中国文物古迹保护准则》以及《文物修复师国家职业技能标准》等文件，形成了书画修复工作的修复理念和原则。

一、修复理念

修复理念是指文物修复师在书画修复过程中，要最低程度地干预原件画面内容，最大限度地保持书画的原真性，延续书画文物的寿命，充分传承书画裱件历史文化信息，恢复书画固有的审美价值，融合艺术美学、历史文化、科学研究于一体。

现代书画修复过程中，修复师应综合运用传统修复工艺与现代先进科技设备，通过严谨科学的仪器分析检测，最准确高效地记录、保存修复档案，以备后人学习参考，力求形成规范化行业标准，倡导预防性保护。

二、修复原则

修复师在动手修复书画作品前，需要对修复对象进行拍照记录、科技检测并制定修复方案，其中修复方法、材料的选择与应用会直接影响作品的修复效果。由于书画修复工作的特殊性，修复师们的工作需要非常严谨、考究，在不影响有效保护修复与不改变文物原状的情况下，尤其需要考虑以下修复原则。

（一）可逆性原则

书画修复要严格按照可逆性原则进行，其修复目标是修复所用的材料、工艺方法具有可还原特性，既需满足现阶段修复并保持完好的状态，也要保证后人可再次还原、处理该作品。

（二）兼容性原则

兼容性原则是指书画修复前，根据书画原本的材料特性选择修复材料，保证后者在物理、化学等性能上与原件保持最大程度的相似、相近，两者性能不可相差太远。

（三）最大信息保留原则

书画修复师需要严格按照博物馆文物修复档案记录的要求，尽量详尽地记录修复作品的原始状况信息以及流转过程中的信息。其中，修复过程中使用的材料、工艺、原装裱形制以及科学检测结果、流程和参与修复人员等，也是需要记录的。

最大信息保留原则是建立修复档案的重中之重，该原则的应用，有助于保证修复档案的真实、可靠，以及书画文物自身携带的客观信息的遗失最小化。文物修复档案的建立功在当代，利在千秋，现阶段真实客观详尽地记录相关文献、图像等信息，有助于后人深入研究。

（四）最小干预和可辨识原则

最小干预和可辨识原则是书画修复时要综合考虑的一项。

最小干预是对书画文物所独有的历史信息的最小干预，也就是指修复要始终控制在最小范围内，切不可过度修复，最大限度地保存文物的历史价值、艺术价值和科学价值，使得文物处于一个相对“健康”的状态，后续依旧维持这样的状态。

可辨识是指综合全面考量后不得不采用的修复方法，要保证修复后，修复作品“远看一致，近看有别”。可辨识修复是指在遵循一定修复原则基础上，不影响书画作品的整体视觉观感，以保持原作品的基本协调。

（五）“修旧如旧”原则

“修旧如旧”并不能简单地理解为修复得和原来一样。“原来”是什么样？究竟什么是现代人要的“旧”，这一概念是模糊的。历史长河中，几经流转的文物，可能经过不同程度的修复，现代人经常谈到的“修旧如旧”是修复到第几次修复时的状态，值得考虑。

古书画修复过程中的“修旧如旧”是指按照传统修复方法，最大程度保持字画的题材内容，尽可能地保持现状，不做主观修改。现代修补材料的做旧是通过对新材料的做旧，使之接近原作品的画意并融入其中，达到难以区分的程度即可。

思考题

1. 简述古书画保护与修复过程中应遵循的修复原则和理念。
2. 请根据教学内容，具体谈谈对“修旧如旧”原则的理解。

拓展阅读

[1]《书画装潢学》，杜子熊，上海书画出版社，1986
[2]《中国书画装裱》，冯增木，山东科学技术出版社，1993
[3]《文物修复研究3》，国家文物局博物馆司，中国文物学会文物修复专业委员会，民族出版社，2003
[4]《图说中国书画装裱（第2版）》，严桂荣，上海人民美术出版社，2008
[5]《传统书画装裱与修复》，南京博物院，译林出版社，2013
[6]《中国书画文物修复导则》，南京博物院，译林出版社，2017
[7]《王氏装裱技艺》，王旭，北京美术摄影出版社，2018
[8]《图文新解装潢志》，史鹏飞，江苏凤凰科学技术出版社，2019
[9]《百工开物——江苏民间技艺》，南京图书馆，东南大学出版社，2021

第二章

书画装裱修复的准备工作

书画装裱与修复的前期准备包括场地设备、装裱工具和装裱材料三部分，也是古书画保护与修复专业本科生必须了解、熟悉的基本内容。书画装裱修复工作室需符合“宽敞明亮、环境适宜、清洁卫生、安全便捷”的十六字标准，并配备温湿度控制、空气净化、安防装置等相关设备和专业教学实操工具，以满足专业学习所需。

第一节　书画装裱的场地和设备

书画装裱修复工作室应配置温湿度控制设备、空气净化设备以及安防装置，此外还需有固定墙体、裱画台、洗画台等设施。这些设施、设备需严格按照工作要求，整体规划，统一配置。专业修复师会根据各种设施的功能和特点，充分发挥其作用。

一、裱画工作室

裱画工作室，又称“裱房”“场地”或“工作地”。由于书画装裱与修复专业的特殊性，建造标准化的裱画工作室需满足以下十六字标准（图2–1、图2–2）。

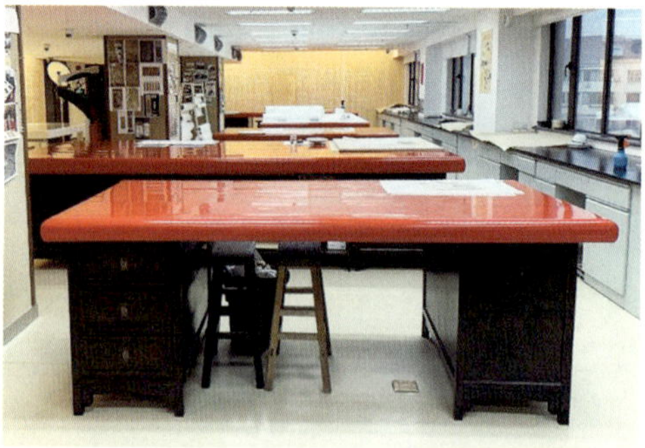

图 2–1　上海博物馆科技文保中心书画工作室

图 2–2　上海视觉艺术学院实训中心书画工作室

（一）宽敞明亮

裱画工作室选址时，常以高度为3.5米、长度为10米左右，坐北朝南的正房为理想建造空间。室内保证空间宽敞、不受阳光直射且光亮度变化小，以确保书画的修补、配色与接笔不受影响。地面需平整、干净，材料用水泥、木板、砖块等均可。

（二）环境适宜

裱画工作室内一定要配备高质量

的温度计、干湿度表、冷热水洗画池等设施。现代裱画工作室要安装有恒温恒湿功能的空调，夏季室温不超过30摄氏度，冬季室温不低于10摄氏度，需如传统裱画房“恶地湿而惮风燥”，做到“湿润而虚明”。

（三）清洁卫生

裱画工作室的各类工具、器物应严格按照要求进行摆放，不得随便堆放与工作无关的物品，确保工具摆放有序、工作环境整洁。冬季取暖以空调为主，切勿使用蜂窝煤或者无烟煤作取暖燃料，防止烟尘污染；夏季安装纱窗、纱门，防止灰尘、蚊虫混入，污染裱件。另外，为了保证室内空气流通，建议配置适量排气扇，确保空气质量。

（四）安全便捷

标准裱画工作室在安全性方面既要做到安全便捷，也要尽可能达到博物馆科技保护中心的配置水平。高校博物馆建设，一般应配备防盗门窗、全方位监控、通风设备、无影光源以及自动报警、自动灭火器具等相关安防设备，尽全力保证书画裱件的安全，同时提升书画装裱与修复专业方向师生的工作效率。

二、墙面

墙面亦称为“大墙”，用于自然挣干、绷平裱件、画心及其各类镶料。书画装裱专用墙面主要有板墙、纸墙、可移动式板墙三类，此处以板墙为主（图2–3、图2–4）。

图 2–3　轨道式板墙

图 2–4　固定式板墙

北方地区气候干燥，多选用透气性好、易干燥的纸墙。相对于板墙而言，纸墙制作流程较为复杂，先钉出面积等同的木方框后，再按照一定的工艺程序用纸糊制成。现代书画装裱工作多选用木板墙，其制作简易方便，采用五合板定制即可，使用效果良好。

可移动式板墙需保证底部与地面保持一定距离，或做好底部推拉移动装置，可防潮通风、来回移动，是使用最多的一种墙体。

以上三类墙面的制作方法、使用技巧各有不同，但最重要的是保证墙面的平整牢固和光滑，确保不变形、不发霉、无虫蛀、无油性。

三、裱画台

书画装裱与修复行业俗称裱画台为“裱台”“案子”“台子”等。现代裱画工作室常见的裱画台有长凳式、橱柜式两种。

裱画台的尺寸无严格规定，可根据工作室面积大小来确定裱画台的尺寸。通常情况下，裱画台高度为80厘米左右，长、宽规格多为100厘米×200厘米、130厘米×260厘米、150厘米×300厘米以及200厘米×400厘米等。

裱画台的材料主要以性状等稳定的陈旧木料为佳，选用木料应具有木质坚硬、无虫蛀、不开裂变形、耐腐蚀等特点，如楸木、黄菠萝木、红松、杉木、白松等。裱画台的台面务必平整光滑、色泽厚重，常选朱红色生漆处理的台面，用以增强视觉冲击力，拉开反差，以更好地区分台面与装裱字画画心、宣纸、绫绢等材料。

日常工作中，需认真细致地做好裱画台养护工作。其一，保证台面整洁、无杂物；其二，台面上尽量不要摆放腐蚀性物品，比如清洗画心的药物等，同时也要避免电熨斗等高温触烫；其三，严禁在台面上进行敲击、钉砸、划碰等操作，裁切、扎眼必须垫衬其他平整的木板或自愈切割垫，使用工具轻拿轻放，不可随意放置。

四、拷贝台

拷贝台，又称透光台、复制临摹台，外形如写字台，是一种可以发光的灯箱结构，也是临摹或复制书画时的专业设备。书画装裱与修复过程中，识别、分辨裱件是否断裂、有折痕、修补残缺等情况，需要用不同亮度的拷贝台光源来加以辅助判断。

拷贝台有平面和斜面两种形式，斜面的性能更佳。现代LED拷贝台，制作简单，性能优良，节能环保，使用寿命长，制作成本低廉，可适用于不同透光度的裱件。

在拷贝台使用过程中，务必确保用电安全，以保证书画作品安全。

五、胶膜书画装裱机

随着国家经济的繁荣发展，人民日益增长的文化需求需要得到满足。书画装裱机的出现极大地缩减了装裱用时，节约了人工成本，使人们可以更高效地完成书画装裱工序。

（一）使用胶膜书画装裱机的“利”

1.操作工序简单，容易上手，极大地缩短了书画裱件上墙挣干、挣平的时间，无须耗费大量的人力，装裱件“立等可取”。

2.字画装裱过程中，柔软的热熔胶代替传统装裱常用的糨糊，使得裱件更加平整、服帖。

（二）使用胶膜书画装裱机的“弊”

1.揭裱困难，损害画心。胶膜的去除依赖化学揭裱试剂，但不具备糨糊的可逆性，会对画心造成永久性的损害。

2.裱件会因使用胶膜而变为不能吸收水分与糨糊的“塑料画”，无法再次使用传统手工装裱。此外，采用此种装裱方式后，即使胶膜与覆背纸一起揭除，胶膜仍会粘连部分画面，有损裱件画意与气韵，看起来更像是复制品或印刷品。

3.揭裱时采用的化学揭裱试剂含有一定的毒性，即使在空旷通风的环境下，也会对人体造成一定伤害。另外，化学揭裱试剂中所含物质不仅易燃，而且极易导致印章和部分颜色消散，造成不可挽回的损失。

4.熟宣、绢本等材质的裱件，若使用胶膜装裱机装裱，容易出现水波纹或“毛毛虫”状的褶皱，一旦出现这种情况，几乎无法挽回，裱件作废。

5.传统书画装裱过程从未采用过加热的方式黏合画面。可见，此种方式很可能对裱件的保存无益，反而影响裱件的寿命。

六、装裱机

为了节省时间与空间，现代民间书画装裱师多使用装裱机充当传统裱画环节中的“壁子”，其原理主要是通过加热，将原本需要一至两天自然晾干的时间缩短至半小时以内。

裱件在加热过程中，连同覆背至少要加热两次，切不可通过高温一次蒸干水分。当然，这种装裱方式对字画的保存寿命会有一定的影响。一般而言，珍贵稀有的字画文物，应采用传统手工装裱的方式进行装池。

七、负压洗画台

负压洗画台是一种新型书画修复专用设备，使用该设备既可提高书画清洗的效果与速度，也可有效地将清洗书画的水分控制在一定的范围内。最重要的是，使用负压洗画台可以防止画面脱色导致的画面污染。

八、数码相机

书画装裱过程以及纸质文物修复前与修复后的高清影像记录工作，对后期的修复档案完善有着重要的作用。因此，建议书画修复师选用专业高清数码设备进行记录。另外，古书画修复检测实验室需配备纸张厚度仪、纸张纤维分析仪、纸张色差仪、超景深三维显微镜系统等，辅助修复工作高效、有序完成。

九、晾架

晾架，主要用于搭、晾托料。其制作材料有木材、金属、塑料等，常见的晾架分为固定架、活动架两种。

固定架是指宽80厘米、长2米左右，固定在顶棚之上的手动升降架。活动架比较简单，常见的有丁字架、木框架两种。无论何种晾架，只要满足稳固、安全的要求，就是良好的晾晒工具。

十、压力机

常见的压力机有木制、铁制两种，主要用于册页下墙以后将其压平、压实。

十一、木梯

木梯，平面、人字形，高度1.5米左右，用于蹬踩上下墙，贴启画件等材料，要求平稳、牢固、轻便。

思考题

1. 结合专业所学知识与实践经验积累，以书画装裱与修复专业为例，深度理解场地和设备的用途和意义。

2. 从预防性保护的角度，具体谈谈使用胶膜书画装裱机的利与弊。

第二节　书画装裱的工具

常言道“工欲善其事，必先利其器”。书画装裱与修复工作需要心、脑、手、眼四者融为一体，十分考验装裱师的操作和掌握工具的能力。现将书画装裱专业所需的工具以及功能作用具体介绍如下。

一、装裱工具

（一）棕刷

棕刷又称为“糊刷”“排刷”，是书画装裱的主要工具之一，有小棕刷、大棕刷之分。在书画装裱中，棕刷的主要作用是用来黏合托纸、排刷、覆背、上墙等，主要由棕榈丝制作而成（图2–5）。

棕刷的选购与保养是非常讲究的。棕刷丝应保持软硬适中，当然，是否有弹性是决定棕刷质量的关键。新的棕刷在使用之前，需提前准备好粗细规格不同的砂纸进行多次打磨。

先将棕刷竖着放在加入碱的沸水中煮烫一小时左右；接着在粗砂纸上按照不同的角度打磨，打磨后再用沸水清洗；最后在细砂纸上打磨。这一过程的重复次数由棕刷丝的软硬程度而定，一般棕刷用沸水浸泡、打磨、清洗3~5次即可。以上过程称为“开刷”，可保证其不褪色、不僵硬，避免弄脏、弄破画心。

另外，棕刷使用过程中，新的硬涩，旧的脆脱，最佳使用期是处于新旧之间的阶段。棕刷使用之后要保持干净，再次使用前要用热水泡洗、理顺刷须，使之柔软、清洁。

图 2–5　棕刷

（二）排笔

排笔是由较长且富有弹性的羊毛制成，常用的排笔由18~24支毛笔组成。在书画装裱过程中，羊毛排笔是托画心、托染镶料、上覆背、刷糨糊、润水、染色等工序的必备工具（图2–6）。

新排笔容易出现掉毛现象，所以要在排笔使用前进行加固整理，常用方法有：其一，直接向笔根注射胶水，或者在笔根与竹管的接触处涂抹生漆；其二，从笔管上孔将胶水灌注在排笔的根部。这两种方法均可达到固笔、耐用的目的。

排笔保养可分为干湿两种方法。其一，排笔每次使用完间隔1~2天后再用。可采用阴干法保存，即将排笔清洗干净，放置在室内工具架上，自然通风晾干，切不可暴晒。其二，如果连续几天都要使用排笔，最好的办法就是将二分之一的笔锋浸在稀糨糊中，保持笔毛湿润，但要记得及时更换稀糨糊，避免发酵，损坏笔锋。

图 2-6　排笔

（三）板刷

板刷主要用相对较硬的猪鬃毛和结实的木板制成。其中，猪鬃性硬，具有遇水不变形的特点，与结实的木板组合，是托绫绢时刷浓稠糨糊的必备工具之一。

（四）起子

起子，亦称为启子（图2-7）。制作起子的原材料多为牛角和竹子，其主要功能是用来揭启贴在墙面上的画心、镶料、裱件等，有时也可用作横刀裁割不规则纸张、处理裱件空壳、压实以及局部纸面轻微褶皱等细节问题。

常用的起子多选用质地较密的毛竹制作而成，其前半部分扁平轻薄呈圆头状，后半部分略厚于前半部分，外形像宝剑。根据不同规格的裱件，起子可制成10厘米、30厘米、50厘米三种长度，宽度在1~1.5厘米范围内，起子的长度决定了其宽度。

另外，为了防止起子开裂，可将竹子浸泡在清水中5~7天后，再取出来进行细节加工制作。加工好的起子可放置于水中煮沸，以免虫蛀。

（五）针锥

针锥是方裁画心、划转边线、裁料时扎眼定位的专用工具（图2-8）。另外，处理细节时，它也可用作剔除裱件上排笔毛等细小杂物的辅助工具。

针锥的制作方法：先把提前准备好的6厘米宽的宣纸条卷在大号缝衣针的尾部，把纸条卷实，再用短尺板压住纸卷向前推卷（卷得愈紧则愈佳），待纸卷直径卷到约0.8厘米时停止，最后抹糨糊封口，外层包粘绫或锦，用刀切齐两端。此时，纸柄针锥制成。

另外用毛笔杆、实心竹子以及塑料、有机玻璃等材料，也可制作针锥柄，只需将针固定其中即可。针锥选针体粗细均匀、坚硬适中为宜。

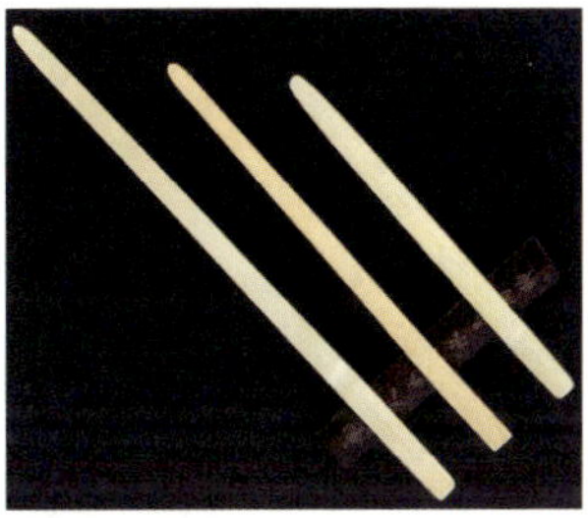
图 2-7　起子

（六）隔糊

隔糊，亦称为糨油纸，使用时垫放在画件之上，垫衬抹刷糨糊。隔糊既不透潮气，又能保证糨缝整齐划一。传统糨油纸的制作方法如下：先把上好的高丽纸两层或三层托合后、自然晾干；然后在其两面刷熟桐油或清漆，置通风处晾干；最后把晾干的高丽纸方裁整齐，即可使用。

现在书画装裱工作室多用薄塑料片代替隔糊，效果也很好。其尺寸大多为15厘米×35厘米，也可根据裱件的大小自制尺寸适合的隔糊。

隔糊使用之后，必须擦净糨糊，平铺在裱台上，切勿用热水浸泡。注意防止折裂，尤其要保持纸口的平直。

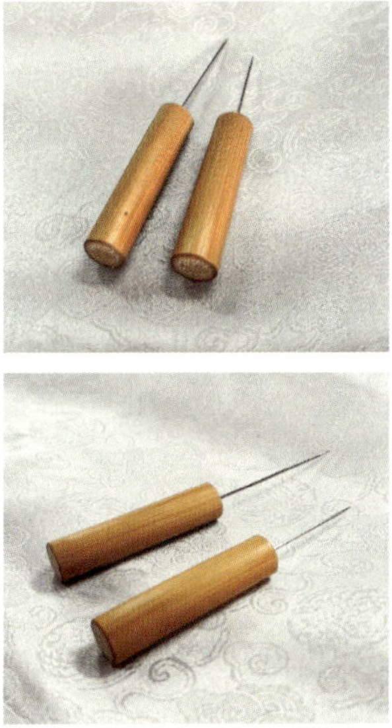
图 2-8　针锥

（七）压铁

压铁（图2-9）是一种专用、质密的铁器，是保证裱件局部平整的按压工具。

（八）镊子

镊子是装裱与修复过程中的辅助工具，主要用于托染绫绢、揭裱旧画时剔除细小杂物，剔除原覆背纸和托纸，上天杆时镊取、拴系画绳之用。

图 2-9　压铁

（九）量尺

量尺分市制、公制两种，主要用于测量绫、绢、纸等材料，以及画心、裱件的尺寸规格。其制作材质硬质有木、竹、有机玻璃，软质有塑料和布尺。请勿用钢、铁等金属直尺，以免触伤画件。

（十）裁尺

裁尺是一种画界卦线、截切边线兼镇纸幅的文具。

从尺寸规格而言，其宽度为6~8厘米，长度不限。从制作材料而言，它多由坚实硬挺的木质或有机玻璃制成。传统的木制裁尺两边口镶竹料刨直，达到坚挺厚直、无凹凸的状态最佳。另外，裱画工作室需多备几支长度不一的界尺，以满足装裱工序过程中的各种用途。

1.竹木裁尺

书画装池行业传统使用的裁尺多为竹、木材质。一般选用质密紧实、干挺利落的木料作尺芯，四周镶嵌黏合毛竹条。但是此类裁尺在使用过程中会出现变形走样的情况。因此，现在大多选用有机玻璃尺。

2.有机玻璃尺

装裱师大多喜欢选用透明度佳、化学稳定性强、易加工的有机玻璃尺。有机玻璃尺带有清晰的刻度，方便度量绫绢等材料。但这种尺也有明显的缺点，有机玻璃尺一般比较长且弹性好，使用过程中应用手托住尺中间，避免尺的两端下垂而损伤画面。因此，在使用量尺的过程中，需格外谨慎小心，切不可粗心大意。

（十一）裁刀

裁刀是书画装裱中的常用工具，主要用于裁纸、开料、方裁画心等。裁刀为铁质刀刃夹钢。南方地区裱画师所用裁刀为单面开刃，刀口斜度约为45度，形状似马蹄的“马蹄刀”（图2–10）。现代裱画工作室多用便捷、锋利、灵巧的美工刀，也有一部分年轻裱画师采用小型医用手术刀，锋利且灵活好用。

图2–10　马蹄刀

（十二）剪刀

书画装池过程中，常使用锋利小巧的剪刀来处理边角镶料的问题，以达到细节处的紧密贴合。例如装裱立轴天地杆时两端包首的处理，以及立轴、手卷扎带的固定，都离不开剪刀的使用。

（十三）敲棒

敲棒是加固镶嵌物的辅助工具，如天杆铁丝穿孔处需要敲棒压实。

（十四）锯子

在装裱行业中，锯子主要用于天地杆切割以及木棍长度的调节。

（十五）砂纸

砂纸是具有研磨力的一种特殊纸张。干磨砂纸又称木砂纸，可用于磨光木、竹器表面；耐水砂纸又称为水砂纸，用于在水中或油中磨光金属或非金属工件的表面。书画装裱工作室常选用磨料、微颗粒度不同的木砂纸打磨工具，如新棕刷的“开刷”工序。

（十六）切割板

切割板，即切料的垫板，用作方裁画心、绫绢材料等衬垫工具，防止裁刀损伤案台。其制作材料多选用木纹竖直、密细且干燥无疤痕的银杏木、杨椴木，或者质密笔挺的三合板、五合板。其长宽厚尺寸规格以80厘米×20厘米×2厘米、150厘米×25厘米×2.5厘米、250厘米×30厘米×3厘米为宜。

书画装裱工作室中可备几块较小的木板，便于裁切零星材料。在使用过程中，切记保持板面平整、干净，刀痕不宜过多，稍有凹陷应立即进行修整，否则裁切的材料便会出现不规则的毛口。就裁板的保养而言，裁板应立放在干燥整洁处，为防止其开裂，可在裁板两头各钉加一横木，防止损伤裱件。

另外，现在书画装裱工作室多使用PVC材质的自愈切割垫，其材质性能优良、自我恢复能力强，切割之后不留痕迹（图2-11）。它不仅反复切割不受影响，并印有准确的网格便于量取尺寸，不反光、不打滑且保护刀片，非常实用。

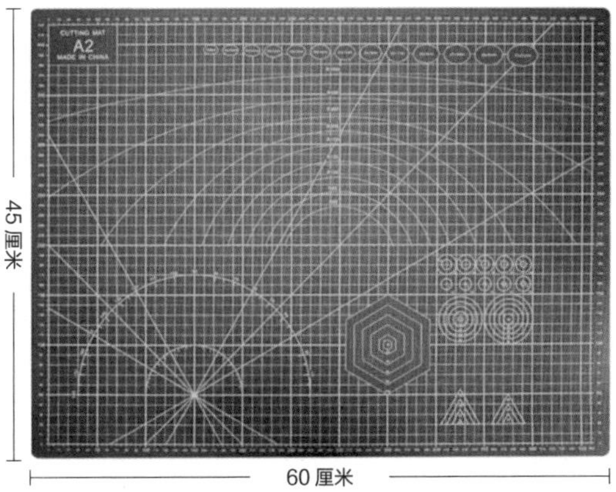

图 2-11　自愈切割垫

（十七）喷水壶

书画装裱与修复过程中，喷水壶有两大作用：其一，用于托、揭画心，托料、覆活、淋洗画心时，大面积均匀喷洒轻薄水雾；其二，画心或裱件上墙后，用其喷水保湿，使裱件在干湿均衡的状态下自然绷干。通常选用市场上出售的按拉式塑料喷水壶（洒水壶）即可（图2–12）。

图 2–12　不同材质的喷水壶

（十八）尖嘴钳

尖嘴钳由尖头、刀口、钳柄组成，韧性、硬度适中，是安装天地杆时的必备工具。

（十九）水油纸

在书画装裱过程中，水油纸有两大作用：其一，揭裱绢本画心时，用于保护画面；其二，罩铺在裱件背部、包首上面，进行细致排刷，可达到一定的保护作用。

水油纸的制作方法如下：首先准备两三张同样大小的元书纸叠加在一起；接着在元书纸上刷一遍生桐油；然后再累加一沓元书纸并通刷生桐油，反复累加至多十次，即二三十张纸；最后用面积大于元书纸的玻璃板压在上面，待生桐油完全渗透后，将元书纸一一揭开，晾干后方可使用。

使用水油纸前需细心检查，防止出现未干透或其他原因造成的脱油现象，从而影响裱件质量。使用水油纸后，需要将其清洗干净，贴覆在大墙上，自然晾干后取下来妥善存放。如此可反复使用多次。水油纸应避开高温、潮湿的环境存放，做到展平包裹、自然存放的状态。

随着现代新材料的出现，水油纸逐渐被一次性塑料台布或托绫绢的纤维纸取代。一次性塑料台布轻便且面积较大，既可为清洗、揭画带来便利，又可作为薄膜覆盖于画心之上，减少水分的蒸发。

纤维纸具有结实、透水性强的特点，在损坏较为严重的字画修复过程中，可将其覆盖在裱件正面，隔着纤维纸清洗字画，以增加安全系数。

（二十）蜡板与砑石

蜡板是最为实用的砑画润滑剂，用黄蜡、白蜡各半加热，倒入长方形瓷盘中，待冷却凝结定型为板状即成。注意最好不要用黄蜡，其质黏，容易落灰或者粘连裱件。砑画过程中，要先用蜡板摩擦之后再进行砑石砑光，使得裱件背面光滑柔软，形成抗潮湿、抗氧化的保护层。

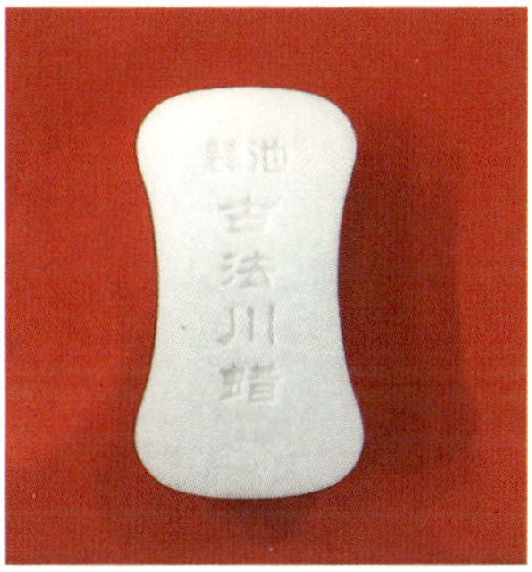

图2-13　蜡板

蜡板（图2-13）要选用质地干燥、色泽晶莹的“川蜡”或者工业用蜡。蜡板的尺寸规格并无统一标准，长宽厚度通常是10厘米×15厘米×2厘米，切记保证蜡板的平整、光滑。

图2-14　砑石

砑石（图2-14）用来砑磨裱件覆背、边缘接口处，具有一定的加固、光洁、柔滑的护画作用。砑石的选择亦很重要，石质粗糙，易伤及裱件；石面过于平整，则难以出光。其体积太小，不便抓握使用；体积过大，不但笨重，对画件也无益。

因此，可选用质地坚硬、表面光滑、双手易于抓握的鹅卵石、玉石，但石质不宜过细，过细容易滑，反而不能将裱件砑光，但也不宜过粗，如含有沙子会损伤画面。

另外，砑石需要经过打磨抛光，磨光的一面接触宣纸的背面，方可更好地贴合纸面纤维，将纸面打磨得光滑平整。

（二十一）毛巾、脸盆

毛巾需选用吸水性较好的纯棉材质，其尺寸为宽30厘米、长65厘米左右。一般选用淡颜色的毛巾更佳。

脸盆可选用塑料或金属材质，颜色选白色为宜。一般工作室要备两个脸盆，便于纸张染色、盛放糨糊之用。

（二十二）陶缸、搅拌棒

陶缸和搅拌棍是制作糨糊的必备工具。一般博物馆多选用底部平整且圈足至缸口通体粗细相等的陶缸，再搭配坚实、通体圆润、长度适中的搅拌棍一起使用，可称为最佳制糊工具组合。

二、全色、接笔工具

（一）毛笔

毛笔作为文房四宝之一，备受文人雅士的青睐。毛笔由动物毛与竹子、玉石或象牙等材质制成，供书法与字画创作时使用。

毛笔具有“尖、齐、圆、健”四德。“尖”是指笔毫聚拢，末端尖锐；笔尖则写字锋棱毕现，极易传神。“齐”是指笔毫润开后齐平，具有稳健齐力的特征。“圆”是指笔毫充足，笔锋圆满，运笔圆转自如。“健”是指笔腰弹力足，笔毫下压后，可立即恢复原状。

从性能而言，毛笔可分为硬毫、软毫、兼毫三类。硬毫，刚硬，弹性强，如狼毫；软毫，较柔软，弹性幅度较大，如羊毫；兼毫，介于软、硬之间，如紫羊毫。

（二）砚台

砚台是中国传统手工艺品之一，与笔、墨、纸合称为中国传统的文房四宝，也是中国书法、绘画创作的必备工具。

（三）调色盘

书画装裱与修复专业需要用到调色盘进行国画颜料调色，以完成染纸张、全色等工序。常见的调色盘多为陶瓷、塑料等材质，书画修复过程中多选用有分割、多区域的调色盘，便于更好地调色。

综上所述，书画装裱与修复专业所使用的工具较多，各有各的功能和作用。还有一些小的物件，如铜丝、绳带、盆钵、笔洗、色碟、水烧杯、磨刀石、搪瓷盆、铁钳、筛锣、纸漏斗、吹风机、电熨斗、铜鼻、放大镜等等，也都有用。书画装裱工作过程中，很多工具只要使用顺手便捷，在工作中自然产生很多工艺上的小窍门。

思考题

1. 简单谈谈正确开刷、使用、保养棕刷的方法。
2. 书画装裱与修复实操过程中，自制针锥是必备技能，请具体谈谈制作针锥的流程和小窍门。

第三节　书画装裱的材料

书画装裱常用材料有以宣纸为代表的纸张、绫绢以及织锦等丝织品。装裱与绘画互为表里，因此，胶矾、墨和国画颜料等也是书画修复师需熟知且掌握其性能的材料。另外，面粉（或者淀粉）和其他材料也是书画装裱行业必备的专业材料。本专业学生需根据此节内容掌握专业材料和工具的使用方法，逐步培养勤奋努力、刻苦钻研以及创新的精神和追求精益求精的实操精神。

一、纸张

造纸术是我国四大发明之一。我国纸张的制作和使用历史悠久。因生产原料配比与制作工艺不同，纸张有许多不同的种类。对书画装潢而言，供选择的纸张种类越多越有利于裱件各构成部分的使用。

（一）古纸

古纸是指有实物可以与文献史料互证的纸张。据文献记载，东汉蔡伦选用树皮、麻布、破渔网等植物纤维制造纸张。学术界原本认定最早的纸张是东汉元兴元年（105年）的蔡侯纸，但近些年，陕西灞桥、甘肃悬泉置等遗址发现的纸制造时间早于蔡侯纸。但由于史料没有明确记载，而且灞桥纸的纸张纤维分散和交织还未达到“纸”的充分程度，其成分主要是大麻间混少量苎麻，具有无光、无毛、纤维粗的特点，因此，它们是不是最早的古纸还存在争议。

汉晋时期，我国古人常用麻造纸完成书写记录。这类麻造纸多用麻布、渔网或大麻、苎麻等生麻制造，丝线或者马尾制成的纸模，呈现出有织纹而无帘纹的纸面。新疆出土前凉建兴三十六年（348年）文书残片、敦煌藏经洞中发现的北朝写经卷、唐代杜牧《张好好诗卷》真迹，均为麻纸。汉至唐近千年传世书法作品多用麻料纸。晋代也出现过藤纸，藤本植物纤维柔韧光滑，做覆背最佳。

隋唐时期，古人先是用楮树皮造纸，此类纸具有纤维较细、宜于精制的特点；其后用桑树皮造纸，此类纸具有纤维更细、纸面发亮的特点。唐代有用黄蜡涂熨的“硬黄纸”，用以照着日光映取书法真迹，称为“响拓纸”；也有的纸用黄檗染成深黄，莹润有光泽，能够辟蠹，用以写经，称为“写经纸”。

宋元时期是中国造纸术发展的成熟阶段，制造的各类质地精良的皮料纸，深受苏东坡、黄庭坚、米芾等文人的喜爱，用其书写作画得心应手。同时，竹料纸的生产工艺取得突破，成为造纸史上的重大革命。竹子的速生特性使得原材料供给充足，生产成本降低，有效提升了纸张的产量。竹纸的表面光洁平滑，被用于书籍印刷，字口清晰醒目。因此，宋元时期的刻本书多用竹纸，从而促进了刻书业的繁荣和文化的传播。竹纸的出现，使中国造纸业的中心开始转向浙江、安徽、江西、福建等南方地区。

明清手工纸有很大的发展。人们用青檀树皮造纸，技术精进，纸张厚度越来越薄，尺寸越来越大，还具有细薄、均匀、紧密、洁白、坚韧、柔软的特点。另外，明代多使用比较细的丝线编成帘子造纸，出现了一种“罗纹纸”，洁薄细腻，明纹薄地，长一丈二尺（约380厘米），每张纸的重量达一斤三两（约650克）。成化年间，金笺、洒金笺出现了，天启、崇祯年间，人们用大幅泥金笺作屏对、立轴书画。清末出现了“蝉翼笺”，熟纸刷明矾，纸质细薄，不易走墨，宜作设色工笔画。

书画的笔墨和装潢，要凭借纸绢等物质材料来显示。它们与书画创作及书画装潢相辅相成，其原料、制作、时代、特征，对书画的断代起着一定的作用，对修复、鉴定历代传世书画有着实际的价值。公元7世纪前我国的造纸技术就传播到国外，这是中华民族对世界文明的一项伟大贡献。它对传播和保存人类文化，推动社会历史的前进起着重要的作用。追溯古纸，于辨析古翰墨真迹也有着重要意义。接下来,结合文献记载与实物遗存情况，简单介绍几种纸张。

（二）皮纸

皮纸制作工序烦琐，常选用落叶乔木中的楮树皮、桑树皮等作为加工原料，制作的纸张为平纹纸，无明显的帘纹。其优点是与麻纸一样抗蛀、耐久、坚韧，并且拉力足、坚韧平滑，但有的白度较差，厚薄不匀，纸面有杂质，沙粒多等问题，不能用作装裱书画精品或托绫、绢等。

明代宋应星在《天工开物》一书中记载皮纸的制作方法是：“凡楮树取皮，于春末夏初剥取……楮皮六十斤，仍入绝嫩竹麻四十斤，同塘漂浸，同用石灰浆涂，入釜煮糜。”总体来看，皮纸坚固，其纵纹扯断如绵丝，横断且费力。

此外，还有一种书画皮纸产于朝鲜半岛，称为“高丽纸”。这种纸选用楮皮、棉秆为制作原料。纸质洁白强韧，外观清丽，拉力强，耐摩擦，帘纹清晰，有“色白如绫、坚韧如帛”之美誉。我国河北地区亦有生产，但选用原料稍有不同，以桑皮纸、白纸边为制作原料。书画装裱过程中，它多用于大镜心的覆背或册页底子等。

（三）竹纸

竹纸的出现在造纸史上具有标志性意义。竹纸以植物纤维造纸，也是后世欧洲机械木浆纸的开端。

竹纸主要选用没有枝叶的嫩竹竿为原材料。一般在春季采伐竹竿，然后切段、去青、破筒、截断、捆扎、灰沤、冲洗、锤炼等，经过多道工序制成竹纸。我国长江中下游及珠江流域地区的几个省份，如浙江、福建、广西以及云南、四川等地，都可就地取材，生产竹纸。竹纸品种较多，如连史纸、毛边纸、元书纸等。

1.连史纸

连史纸是一种供毛笔书写的白色手工纸，由嫩竹与石灰腌泡，经过漂白、打浆等多种工序制作而成，主要产于福建邵武地区。这类纸轻薄光滑、细腻洁白，但质地较脆、容易断裂，多用于扇面、碑帖、画轴等。

2.毛边纸

毛边纸是手工生产的，纸张细腻、轻薄柔软，呈淡黄色，抗水性较差但吸墨性较好，盛产于江西、福建等地。这种纸既适于写字，又可用于印制古籍。传说明代大藏书家毛晋嗜书如命，喜用竹纸印刷书籍，曾到江西大量订购稍厚实的竹纸，并在纸边上盖一个篆书“毛”字印章，故人们习惯称这种纸为毛边纸，并一直沿用至今。

3.元书纸

宋时兴起的元书纸，纸质轻薄，呈米黄色，其纤维结构轻软，帘纹明显，吸墨较强，入水易溶，浸水后纤维会散开，着墨后渗化较慢、久不变色，适于书画家及书法爱好者临帖之用。

（四）宣纸

安徽省泾县生产的宣纸最为有名，为中国传统手工纸的代表。宣纸主要以青檀树皮、沙田稻草为原材料，这类原材料可就地取材，选用泾县境内丘陵地区盛产的原料进行加工。植物原料经过浸泡、灰淹、蒸煮、日晒漂白、打浆、贴干等数道工序，生产周期往往历时一年多之久。宣纸具有质地优良、柔韧细腻、洁白平滑、吸水性强、拉力好的特点。

宣纸因配料不同，可分为棉料、净皮、特净皮等品种，又因厚度和帘纹的区别，可以分为单宣、棉连、夹宣、扎花、罗纹纸、龟纹纸等品种。

1.单宣

（1）棉料单宣

棉料单宣又称为“料半”，制作原料配比为皮料30%、棉料70%。其质地洁白细腻，厚薄均匀，有纵横帘子纹路。

“料半”有厚薄之分，厚者称为重单宣，可用作托画心、托册页底子。但重单宣吸水量大，行笔不便，不宜作画。

（2）净皮单宣

净皮单宣是指檀皮含量达60%以上，辅之少量稻草精制而成的手工纸。其纸性坚韧柔软，可作为书画创作纸张。

根据配料比例不同，净皮单宣又分为净皮和特种净皮。净皮的配料中，皮料含60%，棉料含40%。特种净皮的配料中，原材料檀皮含量高达80%以上，纸张厚薄均匀，纸纤维长，结实而耐磨，拉力强，落墨均匀，下笔见痕，是书画创作、托裱精品书画的理想材料。

净皮单宣光洁细腻，使用者可根据实际所追求的视觉效果，选择适当的纸张。

2.棉连

棉连也称“棉连纸”，其配料比例为皮料30%、棉料70%。这种纸纤维细密，棉质好，薄而匀，大多用来加托画心、托手卷背纸以及做套边纸等。具有代表性的棉连纸为安徽泾县产的汪六吉棉连，该纸品质上好，为珍品。

3.夹宣

夹宣，是指在晒纸张时，将两层或三层纸一起揭取上墙烘干。夹宣可分为“单夹”“双夹”等，此类纸张较厚且吸水性强，只在绘画有特殊需要时方才使用。例如特大幅画、镜片的覆背，可使用夹宣。

4.扎花

扎花是宣纸的品种之一，是宣纸中最轻薄的一种，有薄如蝉翼又似轻纱之说，可用于金石拓片、印谱，若上胶矾，可加工为蝉翼笺。

5.罗纹纸

罗纹纸配料与净皮类似，其中皮料占60%，棉料占40%，因其帘纹深、宽、清晰而得名，多用于册页“开身”。

6.龟纹纸

龟纹纸与罗纹纸一样，制作原料选用檀树皮，具有纸质较薄、细腻洁白的特点。其抄造过程引入状似龟背的经纬帘，产生特殊的效果，可用作册页的嵌身纸以及手卷的引首和诗堂等。

二、丝织品

丝织品是指用蚕丝或人造丝织成的纺织品，也指用蚕丝或人造丝编织而成的衣物。绫、绢、锦、缎等丝织品在书画装裱行业中有着至关重要的作用。绫是熟丝织物，有花纹；绢是生丝织物，性坚挺而有毛，不吸色墨，必加汁液、米浆方可着墨色，即使经过加工仍是生丝织物；锦是有彩色花纹的丝织品，有古锦和新锦之分。正是绫、绢、锦等丝织品在字画装裱中的运用，使得裱件的色彩、质感、构图有所不同，可达到最好的装裱视觉效果。

（一）绫

绫，又称“花绫”“绫子”，采用斜纹组织或者斜纹地提花组织，由多股单丝合成后织造而成。绫具有质地轻薄、性质柔软的特点，如同一张单宣的厚度，幅宽多为70厘米、80厘米、95厘米等，是书画装裱的主要镶配材料之一，盛产于浙江、江苏等地。

绫的花纹种类繁多，常见的有云鹤、云凤、鸾雀、冰梅、龟背、团龙、福寿、菱纹、寿桃、博古、双凤、环花、牡丹、金鱼、回字纹等纹样。

按照颜色分类的话，绫可分为素绫、色绫两类。素绫，即白色绫，其幅面宽68厘米，长81.5厘米，经过托染之后，方可使用。色绫是指装裱师根据画心的色调以及裱件的整体情况，使用植物颜料染制、托纸而成。常用的花绫可分为三大色系：一是米黄色为主的系列，如浅米色、米色、浅米红、浅绯、土黄、茶黄、茶绿等；二是棕色系列，如栗棕、咖啡、古铜、豆红等；三是灰色为主的系列，如浅灰、深灰、香灰等。

绫以匹为计量单位，每匹长20米。绫面有正反之分，正面为平纹，反面为斜纹。质地厚者称重，薄者称轻（亦称“料重”“料轻”）。

现在市面上出现一种锦绫织物，色彩丰富，基本上是纯棉无丝，厚度比花绫稍厚一点，选用专门的纤维纸托锦绫。锦绫的幅面较宽，只能用来装裱一般书画。馆藏文物或其他珍贵字画作品可选用高质量花绫或耿绢，以彰显书画品位。具体传统装裱材料如下图（图2–15）所示。

图2–15 花绫纹样

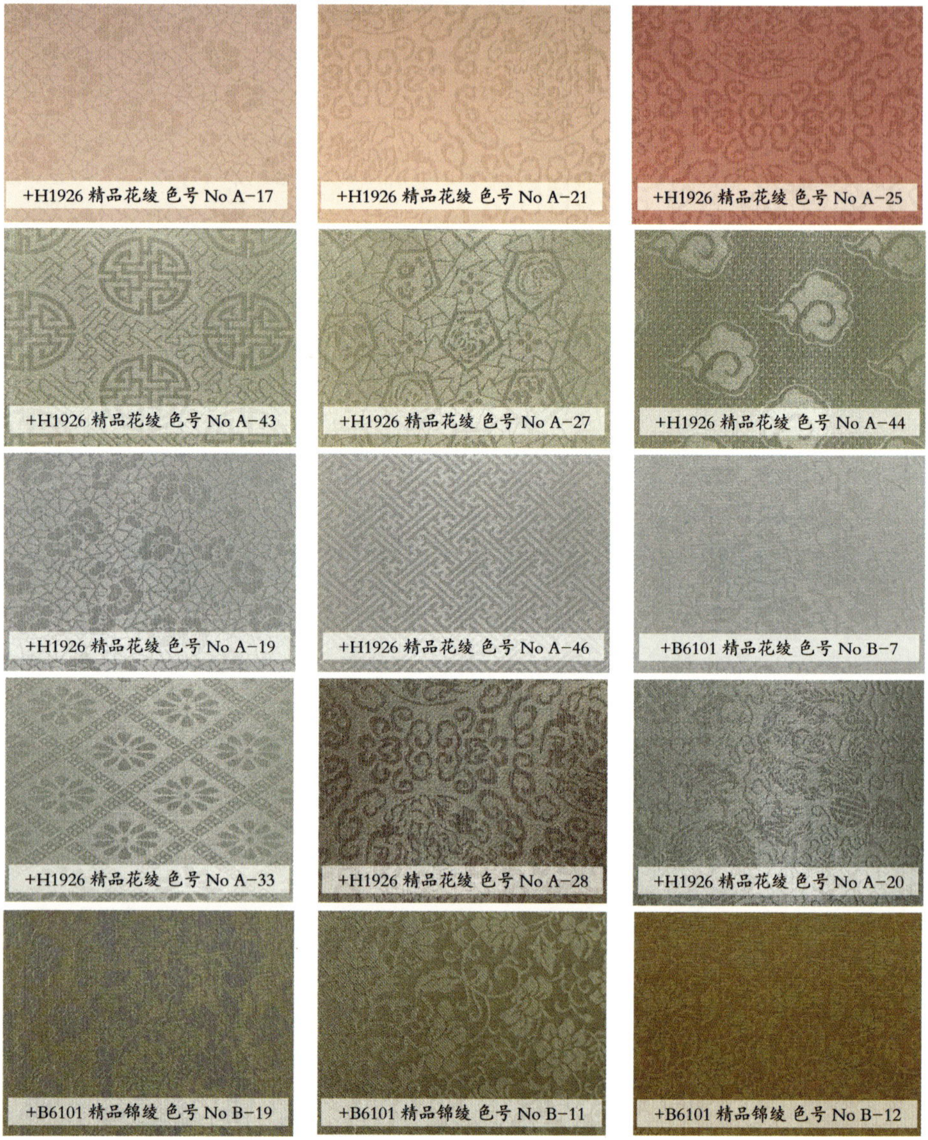

图2-15 花绫纹样（续）

（二）绢

绢，素净、无花纹，是生丝织造而成的平纹织物，织造工艺比锦、绫简单。

绢根据自身特性，亦分为吴绢和耿绢。

吴绢产自苏州、嘉兴等地，为扁丝所织，经过捶制之后非常匀净，入笔平滑，适用于绘画。

耿绢由圆丝所织，是质地透明、性硬的生丝绢，未捶制加工前密厚似葛布。耿绢若未经胶矾处理，可用来作理想的镶料，颇有一种优雅大方的韵味。另外，在清洗画心时，耿绢可以作为加固画心的衬垫物，且适合作大幅挖镶作品的配料。

耿绢托染后，可用来做书画装裱的镶料以及画轴、手卷包首等。现在生产绫绢的厂家，以浙江湖州双林镇双林绫绢厂、湖州市双林邢窑绫绢厂较为有名。清代以来，绢的种类繁多，有粗、细，疏、密，平薄、透亮，生、熟之分，如“经线单丝、纬丝单丝”者称为“单丝绢”，“经线双丝、纬线单丝”者称为“双丝绢”，质地稀疏的叫“网网绢”，单丝单经的称为“扁丝绢”。其中，稀薄绢在揭裱时可作衬绢，保护画心。

通常而言，耿绢经过胶矾捶平、研光之后，伸缩性会降低，虽然利于作画，但脆化、断折现象比较严重，不宜保存。绢以匹为计量单位，每匹长40米。绢面无正反之分，以光洁无跳丝、质地匀称密实为佳品。具体传统装裱材料样品如下图（图2–16）所示。

图 2–16　各色耿绢

（三）锦

锦是十分华丽的丝织品，由多种纯丝织成，多数是二方连续或四方连续的对称图案。

锦分宋锦和新锦两种。宋锦也叫仿古锦（图2-17），古色古香，厚重典雅；新锦色泽鲜艳，美观大方。书画装裱多用仿宋锦，主要用于册页包面、手卷包首和镶画心两端的装饰锦牙，也可以用作镶裱书画的材料。宋锦的图案有“柿红龟背锦”“百花龙铁”“紫鸾鹊锦”“江霞云鸾饰”“仙鹤牡丹锦”“青楼台锦”等。本书选用湖州市双林邢窑绫绢厂出产的锦为图示，展示我国江南地区锦绣的繁华与华美。

宋锦按质量分为三个等级，即大锦、合锦、小锦。大锦是最高档的产品，适合装裱名贵书画以及礼品的装潢。合锦是中档产品，色彩较简单，可以用于一般书画的装裱。小锦质地比较轻薄，是一种经济美观的大众型装饰品。

锦是织造较为复杂的丝织品，有一定的厚度，常用作册页封面、册页包首、立轴锦眉等。购买来的锦一般不能直接使用，需先进行托裱加工处理。

此外，绫、绢、锦等材料需妥善保存。丝织品应存放在干燥整洁、防潮湿、防虫蛀以及无阳光直射的地方，避免材料老化、脆裂，影响使用效果。近些年，许多修复师不断尝试丝、绸、麻、布、化纤等材料装裱书画，以获得不一样的视觉、触觉体验。但无论选用何种材料，都应将有利于书画的保存放在首位。因此所用材料必须具备柔软、性能稳定的特征。

图 2-17　仿古锦纹样

图 2-17 仿古锦纹样（续）

图 2-17 仿古锦纹样（续）

三、胶和矾

胶和矾是书画艺术创作与装潢的重要媒材。胶和矾不仅是旧书画全色和处理跑墨、固色书画时使用的材料，也是将生宣、耿绢制成熟宣、熟绢的重要原料。

胶可用来调制国画颜料；在书画装裱与修复过程中，胶既可用于加固颜色，也可用于熟化纸张（或绢本材料）。因此，裱画染料需要用到胶矾水，若将胶矾水刷在经揭托而残破的画心背面，可防止全画时不渗色。将胶矾水刷到生宣纸上，可使纸张变为不渗水的熟纸，即纸张熟化。胶与矾的比例是否合宜，修复行业间常使用的经验是：胶矾水颜色在微黄、透明色之间，装裱师可用口尝，宜在甜、涩之间。后经考证，此法好用，但对身体无益，现代主要以观察胶矾水颜色、浓度来确定其比例。

书画装裱过程中，胶矾水忌咸气，一遇盐分便会失效。雨天因空气湿润，胶矾水效果较差，天高气爽、风和日丽的晴天则效果佳，因此，用胶矾时要注意天气、季节、湿度等因素。另外，胶矾质量的好坏和运用时的浓淡以及调得是否合适，都会直接影响装裱成品的质量。

（一）胶

胶的种类繁多，一般可以分为动物胶与植物胶两种。动物胶包括牛皮胶、驴皮胶、黄鱼胶、骨胶（图2–18）、鹿胶等，植物胶包括树胶、白及胶、石花菜胶等品种。无论是动物胶还是植物胶，它们都有各自的用处。传统书画装潢行业做胶、矾水主要用的是牛皮胶、骨胶。

选胶的标准如下：须明净，黏度适当，易溶化，新不及陈，陈以不脱性、稠而不腻、没有杂质为优。较理想的是广东著名的传统产品“广胶”，纯粹用牛皮制成，无色无臭，又称“黄明胶”，有条形、细粒形，应择其片薄条、细粒匀而色淡者为佳，但近年来供应甚少，因此只能用骨胶代替。骨胶深褐色，质量远不如广胶，只能利用其上层清头，效果好些。用时先加30摄氏度温水浸溶，然后隔水炖化，方不致煎干煎焦；夏天不可隔宿，一经腐败，胶性尽失，切不可再用（图2–19）。

图 2–18　骨胶

图 2–19　骨胶溶化状态

（二）矾

矾（图2–20），又称“明矾”或“白矾”，用矾矿矿石烧成。我国较大的明矾产地应该是浙江温州苍南县矾山镇矾矿。据明代宋应星《天工开物》记载，烧矾同烧石灰一样，烧成待冷却后投入清水中，煎极沸，煎到其中有溅溢物，即俗称蝴蝶矾的矾花飞出，矾煎成。待澄清冷却，其上隆起的结晶品形如假山湖石，叫作“吊矾”，也是最为洁白明净的矾；结成晶块的叫作“明矾”；质尚明净、透明度高的叫“白矾”。唯矾粉不可使用。用开水溶化能固定在纸绢表面，外水不入。

图 2–20　矾

矾水的泡制方法，是用冷水融化、泡开，装在备用瓶内，存储时间越长越好，即所谓“陈矾水”。浓度以舌尖舔尝略有涩味即可，过涩就是太浓，涂抹过浓的矾水在画面上，干后要起白肤。为使染色匀薄，可以多次罩染，即所谓“三矾九染”，直到效果满意为止。

四、墨与颜料

墨与国画颜料是中国书画艺术的基本材料，如何用好墨与颜料，需要一定的经验技巧。而这些经验性的知识是每一位书画家、装裱师必备的从业技能。

（一）墨

墨是中国传统文房的重要材料之一，是书法、绘画艺术创作的根本（图2–21）。随着艺术创作形式的发展，墨有各种颜色。墨的主要生产原料是煤烟、松烟、胶、中药等，是碳元素非晶质的一种形态。墨用砚台加水研磨出墨汁。

根据材料的不同，墨可分为松烟墨和油烟墨两种，其中松烟墨历史更悠久。松烟墨制作工艺复杂，需用松枝烧烟，以筛烟、溶胶、杵捣、锤炼等多道工序而制成。其色浓黑无光，质细易磨，色泽亚光不腻。油烟墨采用桐油、菜油、豆油等植物油以及猪油等精炼而成，拌以牛皮胶、珍珠、天然麝香、冰片等名贵材料精制，其色黑润有光，其味芸香沁人。

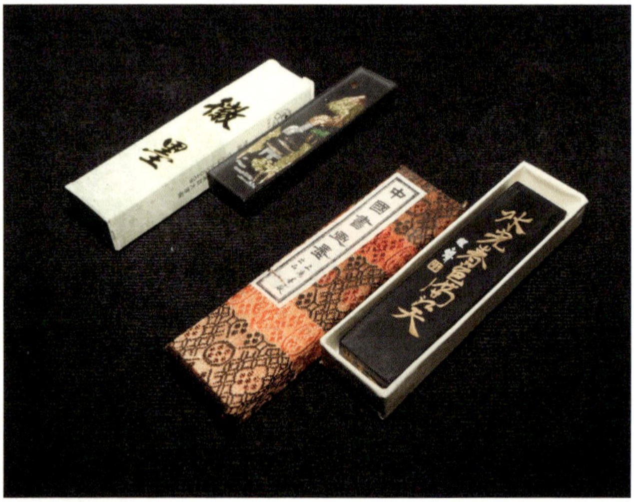

图2–21　墨

（二）国画颜料

传统国画颜料种类繁多，书画修复师常用的有矿物颜料（表2–1）、植物颜料（表2–2），有时也会选用金银等金属材料进行字画创作或修复。植物颜料有花青、藤黄、胭脂、朱膘等，矿物颜料有石青、石绿、赭石、朱砂、铅丹、蛤粉等。金银是传统民族绘画创作中的特有材料，不可与其他颜色相配产生间色，作为颜料使用的有泥金、泥银两类。

1.石青、石绿

石青是铜矿里的一种天然矿石，只要勘查到赤铜矿，就可找到制作石青的原材料。不过，矿产地不同，矿石形状质量各异，名目繁多。选作颜料的矿石，其色愈深愈妙，石质要晶莹澄澈，光泽度高的是最佳选择。

石绿是由天然矿物质原料孔雀石碾磨而成的，在中国传统绘画中运用很早，尤其在工笔画中更是不可或缺。石绿的制取方法：先将孔雀石研磨至粉末状，随后漂洗分级。成品一般分为头绿、二绿、三绿和四绿。

2.赭石

赭石，是一种天然矿石，由硅和黏土组成。赭石的主要成分是氧化铁，是天然黄色、红色、棕色的土。相传常熟虞山多赭石，从前吴裱良工所用赭石一向取掘于虞山烧香浜。当地原赭石其色红嫩，略带黄气，而无黑色，含铁不多，杂质较少。当地农民以采掘赭石为副业，装裱家托农民采掘带回，自己磨出赭石液，取其淡嫩浮膘，加入浓胶制成固体状以便于储藏应用。其色鲜艳。

另外，赭石分头赭、二赭、三赭，画家或装裱师可根据需要进行适当的调色。例如，需要深赭色时，画家加入朱墨即可。朱膘加墨调成驼色可代替赭石，在设色时能自由发挥。赭加朱为老红，合绿为苍绿，合黄为檀香，如担心赭石有火气，可罩淡墨、花青、汁绿。赭石为染纸染绫绢镶料的主要颜色。赭石加藤黄可出米色，赭石、藤黄加墨便是古铜色；赭石略加胭脂合为檀子，这是中国画设色渲染时常用的颜色之一。

3.朱砂、朱膘、银朱

朱砂是汞与硫的天然化合物，是红色的固态矿物。优质的朱砂呈晶体状，晶形属三方晶系，常呈菱面体或板状，另有呈块状、粒状、粉末状等形态，质量等级有所不同。朱砂色彩有鲜红、暗红及黑色。在历史上它有很多别称，如丹砂、辰砂、赤丹、丹粟、汞沙等。

朱膘、银朱是从朱砂中提炼而来的。朱膘是淘制朱砂时产生的最细的颗粒，色相与朱砂有一定差异，呈浅橘红色，可当作透明色使用。制备的时候，一般用胶将其收成膏状，这样可以直接蘸水取用。银朱色相纯正，属于化学工业品。我国广东佛山以生产银朱而著名，有“三兴朱”“尚正朱”等品牌。银朱用作画色，尚须再经研磨，增加细度。

朱砂、朱膘、银朱既是制作颜料的原料，也是制造印泥的原料。它们同石青、石绿一样为矿物质颜料，呈细末状，在书画装裱与修复时使用。使用这些颜料需要注意以下几点。

其一，绢素纸张均无吸入性，若用胶过淡，颜料容易脱落；即使用胶得法，在折缝皱叠处亦不免粉落；遇温水浸泡，则全部脱落。所以，凡用朱设色的画心，要尽可能避免用水。

其二，朱砂用于生纸生绢上，因其比重大，易扩散下沉，色彩要沉向背面，正面反呈灰淡，因此，可在画背面上朱色，任其沉散到正面，正面色彩反而显得深些。如着在正面，要立即把画反过来等干，这样就不会沉散到反面去，或者先打一层洋红或朱膘底子，干后上朱，效果相同。

其三，绢画用朱砂着重彩工笔画，都需先在反面着洋红、朱膘等底色，自然晾干后，再用朱砂着正面，以胭脂或洋红染出层次，就会显得色彩饱满。重装旧画时淋洗调护，全色还原，尤须注意。

其四，书画装裱时，如果遇到使用朱红、花青、藤黄等颜料创作的绘画作品，可使用浓淡适宜的胶矾水进行固色，以免颜色晕染脱落。

4.花青

花青颜料别名有“靛青”“靛青花”“淀青”“蓝靛”，是常见的中国画颜料，原料系草本植物蓼科蓝蓼草的叶子。花青颜色稳定不易变化，亦可调制藤黄、草绿、嫩绿色。

以蓼草沤制蓝靛的地区，有浙江的新昌、嵊州市，上海郊区的黄渡，江西的乐平等地。蓼草有冬种夏收叶如蓬形，也有春种冬收叶如针形的两种，冬种的叫作冬蓝的蓬形蓼草色浓而质佳，春种的叫作“菘蓝”。

制作花青颜料的方法：选用蓝蓼草叶14公斤、石灰6公斤为1料，4料做1担蓝靛，有5%的蓝色含量，这种水靛即俗称靛青花。画家自制花青颜料，即选取质轻而青翠的靛青花用细绢筛滤去草屑杂质渣滓，制成干靛，其色青黑，称为青黛。随后将青黛入钵细磨，干则稍稍加水，润则用椎研擂。每青黛4两，手工细磨，研磨之功须尽一日始浮出光彩，入清胶水搅匀，冲入巨盏淀出，撇起清汁，将盏底粗黑者弃去，倾置碟内，文火烘干，如果煎焦，即成废料。夏日须当天烘干或烈日晒干，隔日胶臭。

花青与其他颜料融合，可调制出多种颜色。植物花青浓汁，其色幽静艳丽，和藤黄调成汁绿，非常鲜艳；加水调浅，其色似月白、湖色、鱼肚白，色泽淡雅；加墨、赭石为深灰、清灰、银灰色，稳重凝练。调制花青颜料过程中，需要注意现制现用，如有剩余花青水，则和以轻胶入锅煎熬。

5.藤黄

国画颜料藤黄，别名玉黄、月黄，是藤黄科植物藤黄的胶质树脂。藤黄制作颜料的方法，同我国的漆树收漆一样，在收获期割开树皮，用竹管插入，承接液体，待干后剖去竹管，就成为形如管状的“笔管藤黄”，直径3~5厘米，呈红黄色或橙黄色，外披黄绿色粉霜，有纵条纹。其质脆易碎，断面平滑，具黄褐色而带蜡样光泽，用水研和则呈黄色乳剂。

根据清代邹一桂《小山画谱》，藤黄其取笔管黄以嫩色者为上，不用胶，着水即化。色嫩黄而丽，本身有胶性，不需要经过加工，是进口的现成颜料。它不能用热水泡，临用时如全色等少量配色，将笔蘸冷清水在藤黄块上舔下应用，较为匀细；如染料等大量配色，可用冷清水在盘子里研磨浸化后倒入纱布过滤，但只能随用随化，如用剩后重新入水，颜料僵化，溶出成为粒子状，不堪使用。

6.铅粉、蛤粉、白垩

中国书画创作与书画修复过程中会使用到白粉，常见的国画白色颜料可分为铅粉、蛤粉、白垩等。国产铅粉是以醋蒸铅化合而成的“醋酸铅”，用途广泛，是古代女子搽面的化妆品、中医治疗溃烂的外用膏药的一种原料，也是近代的油漆工业原料。但是铅粉与空气中的碳成分化合，容易产生变黄、变黑的“返铅”现象。蛤粉，又称为蛤白，是用一种比较厚的文蛤壳烧灰提炼制成的，最好是选择埋入地下多年并氧化成钙的蛤蚌为宜。蛤粉虽白，但含有石灰成分，日久易泛黄。白垩是白色的土状物，是非晶质的石灰岩，亦是制造石灰及瓷器的原料。

现代使用较多的是国外引入的钛白粉。钛白粉色泽最白、持久不变，制作方法为：取粉至研钵并加入胶研磨，胶粉混融，轻细如乳，加水沉淀其杂质，清头细粉再加浓胶涂抹在瓷盆四周，待干取下，便成一片片的片状白粉。因其干后内含胶质上浮，表层光亮夺目、细腻洁白，亦称为“镜面粉”，使用时以清水化开即可。

7.铅丹

铅丹（四氧化三铅）又名红丹、黄丹、铅华，是一种橘红色矿物质颜料。古人常将铅丹用于泥塑、壁画等处，但其化学活性很高，稳定性差，极容易氧化变色。例如铅丹在一定的条件下氧化为棕黑色的二氧化铅，是造成壁画或彩塑上大面积铅丹着色部位变成棕黑色的主要原因。

8.胭脂、洋红、曙红

胭脂，古时称为“燕支”“燕脂”等。胭脂有植物质和动物质两种。植物质胭脂多为用红兰花、山燕脂花、山石榴花等植物萃取而成的汁液，经自然静置、提取出的沉淀物。动物质胭脂是指胭脂虫的虫窝依附于树木，积久胭脂虫分泌色素后，经过炼制成为“虫胶漆”。此类胶漆中含有树皮、虫体等，呈现出紫褐色，若将之取出入水浸煮，可得到红中带紫的鲜艳红色。两种胭脂稍有不同，前者多为女性妆容之用，后者经加工可用于艺术创作。现在用的胭脂颜料出产于浙江、福建两地，有片状、汁状两种。艺术创作时，将管装的胭脂颜料随时挤出用温水化开，即可使用。

洋红，亦称“西洋红”，是一种动物颜料。它是由国外进口、用胭脂虫原虫体制成的颜料，色相与胭脂相似，但更鲜艳。

曙红，即西洋红粉入胶制成的、用锡管装的洋红膏，也有粉状曙红颜料，两者皆可使用。

9.泥金、泥银

国画颜料中所用的金银颜色是用真金白银制成的，不易氧化变色。其中洒金银笺纸应用尤为广泛。

泥金银的制作方法是将金箔银箔研烂特制。首先在碟内沾些胶水，手指上蘸些胶水，然后用手指粘一张金箔入碟，顺着一个方向边粘边拓，金箔拓得被粘住了，滴入一点清水可以解开，磨到金箔完全成为泥浆为止。磨金箔要一次磨完，如果洗手重来，不但损失黄金，而且影响质量。磨好后连手指上残留的泥金用温水洗入瓷碟，注入沸水冲洗几次，把胶质和磨拓时染入的油污尘杂洗净之后，重加浓胶，烘干制成小块，便是泥金银块。

随后，用小瓷盅分装泥金一厘，微用清水化开，以毛笔旋转瓷盅，轻轻抹在小盅四周，将微量泥金均匀满布盅内，未干之际用嘴吹气，微凸盅底，使泥金微有螺旋纹凸起，显得饱满，这就是小盅泥金。画家用时，只要用笔尖略微润些胶水蘸取饱满，就能用于描绘，勾出金线光亮耀目，这样不仅方便，而且节约。泥金如入胶作画，用毕须用开水把笔上的余金洗入盅内，盅内的余金冲开调匀，待沉淀后倒去上面胶水，盖好保存，以后要用，再加胶水。如长期拌在胶水之中，泥金银色泽会变灰暗，则辉碧俊丽的色气尽失，无法挽回。

注：表2–1、2–2内容引用自姜思序堂国画颜料有限公司部分展示资料，并未展示国画颜料的全部分类。

五、制糊原料

面粉是中国传统书画装裱中制作糨糊的重要原料。使用面粉提纯的小麦淀粉制作的糨糊，是上好的书画装裱黏合剂，在托底、托镶料、镶嵌、覆背、贴签等流程中起着重要的作用。

（一）面粉

制作糨糊的面粉是用小麦打磨并去除麸皮等杂物后的白色粉状物。面粉中含有面筋，提纯后可作为小麦淀粉。书画装裱行业所用的制糊原料有玉米淀粉和小麦淀粉两种，小麦淀粉制糊更常见。

小麦淀粉主要是由D–葡萄糖单体组成的同聚物，分为直链淀粉和支链淀粉两种类型，是植物中糖类的主要贮存形式。其中，直链淀粉是糊化的主要物质，其含量多少决定了糊化后糨糊的质量。小麦淀粉中支链淀粉含量占70%~80%，直链淀粉含量占20%左右。支链淀粉是黏合剂的主要成分，满足装裱时的黏合需求；直链淀粉可满足淀粉糊化后的基本成膜强度。

如果小麦面粉去筋，可使糨糊黏合性达到最佳水平。如果使用没有去筋的小麦粉制糨糊，会使糨糊的黏性过大、燥性足，既不利于裱件的揭裱，也会使画件平整性差，呈瓦状。

六、其他材料

（一）天地杆

天杆、地杆是立轴装裱中必不可少的组成部分（图2–22）。

天杆，又称上杆、提杆，多选木质，半圆形（取圆柱的一半），一面平整、一

表 2–1：矿物颜料情况介绍

品名	形态属性	特点	原料	使用方法	图片
特级头青	粉状（不含胶）矿物颜料	浮现光泽，轻细若尘，入水即化，与墨相融，着纸能和，经久不变。	赤铜矿，一种碱式碳酸铜	矿物颜料由矿石直接研磨而来，在作品绘制前，粉状颜料需要兑胶，方可长久固定在画面。第一步：调胶。在容器中倒入适量的胶粉，加入 4 倍的凉水，水位超过胶粉，放置几分钟，等胶粒变成透明且膨胀以后倒出凉水，再加入 4 倍的 80 摄氏度左右的热水，用小棒充分搅拌均匀，使之成为透明胶液，即可进行下一步操作。第二步：调制颜料。在空白的瓷质或玻璃器皿中倒入所需用量的色粉，再加入同等量的胶液，用手指或工具研磨，待充分调和成糊状后加入清水，稀释至书画创作所需的浓淡程度即可使用。用石青时忌掺入铅粉，否则易变成黑色。	 
特级头绿			孔雀石、绿松石	石绿调制时，忌兑入腐败了的胶，否则绿色容易变黑；也忌掺入铅粉，如掺入则会变为黄色。石绿的调制过程与石青一致，请参考上文石青的调制步骤。	 
珍品赭石膏	膏状小块（含胶）矿物颜料	浮现光泽，轻细若尘，入水即化，与墨相融，着纸能和，经久不变。“珍品”是最高等级。	赤铁矿，化学成分主要为氧化铁，含有一定的黏土成分，色相因为产地的不同分为赭黄、赭红、棕红、棕褐等。	使用前，先把需要的赭石膏加适量清水浸透，待全部溶化后即可使用。需用多少就浸泡多少，不宜多浸，以防胶质腐败变质造成浪费。	 
珍品朱膘膏			天然朱砂矿石（主要成分是硫化汞），硬度较低。	朱膘是制朱砂时浮在上面最细的部分，它质细透明，颜色鲜嫩，是其他颜色的辅色。使用前，先把需要的朱膘膏加适量清水浸透，待全部溶化后即可使用。适量即可，不宜多浸，以防胶质腐败变质造成浪费。	 

表 2-1：矿物颜料情况介绍（续）

品名	形态属性	特点	原料	使用方法	图片
珍品蛤白粉	粉状（不含胶）	蛤白是由贝壳碾碎得来，属于石色，色相暖和，化学性质非常稳定，不容易变色。	贝壳（海蛤）	将蛤白粉倒入研钵中，充分研磨后，逐渐加入较浓的胶液；用研磨棒将胶液与蛤粉充分调和后，将蛤白粉揉到一起，用手搓成团子状（像和面团）直到不沾手、不破散的状态；将团子状的蛤白粉在瓷盘中用力地摔打 30 次左右，使蛤白粉每一个微粒充分裹上胶液，直到蛤白粉团的表面呈现光泽并具有黏结力为止。 摔打完后将团子搓成粗面条状，放入盘中；将面条状蛤白粉捏成小饼状放入研钵中，注入温水拔灰汁。5 分钟后倒出温水，将拔完灰汁的蛤白粉饼放入小碟略蒸，蒸至蛤白粉饼中间裂开即可，此为增加蛤白粉的黏度。将蒸过的蛤白粉放入研钵中，加入少量清水，用研磨棒研成白色乳状液即可。 如果只使用少量蛤白的话就不用那么复杂的步骤，直接用胶调和蛤白粉。	
泥金、泥银	粉状（不含胶）矿物颜料	金碧辉煌，银光闪亮。	金箔、银箔	泥金和泥银在绘画中应用广泛，既可用以勾勒，又可大面积铺染。直接用湿毛笔舔些水或用水化开，用笔尖在盅内轻轻蘸取，笔端黏附，不多不少，刚好适合描绘，这样不但方便，而且丝毫不会浪费。	

表 2-2：植物颜料情况介绍

品名	形态属性	特点	原料	使用方法	图片
特级花青膏	膏状（不需要加胶）植物颜料	表面光泽细腻，入水而化，润色柔和，色泽鲜艳纯正，渗透纸背，成画后颜色经久不变，多裱不脱胶。	江西乐平市种植的蓝蓼草	将其倒入稍深一点的碟内。再注入能没过花青量的清水浸泡。过一段时间后，用手指研磨，至完全化开为止。 如果所买的花青胶量过大，在泡水前可用温开水，快速地冲一下马上倒掉，再加清水可去其大半胶性。	
珍品藤黄	块状植物颜料		藤黄	使用清水化开，用笔直接蘸取使用	

面凸起。木材要选用干燥、质密、光滑平整的为制作材料，以便于更好地保护裱件。

地杆，又称为下杆、轴杆、轴等，木质圆形，装配在立轴下端，以便于收卷裱件。其规格根据裱件的大小而定。例如，尺幅较大的字画作品或破损较为严重的旧字画装裱之后，适宜选择直径较粗的地杆，以分担整个裱件的重量，避免作品悬挂、展陈时受到损伤。

天地杆的选料需选用坚实不易变形的木料，木料应避开松节、松油以及有虫蛀、虫眼的地方，以免玷污书画或损伤画面。

另外，横披两端需用月牙杆，也称为互合杆、合合杆，即将一圆柱形木杆从中间二等分，然后在横披右端上一半圆杆，左端上另一半圆杆。展开时横披背面为一平面，收卷时左右两杆互合为一圆杆，犹如一体的圆轴。

现代装裱还有使用纸杆作为地杆的，其优点是加工简单方便，成本低廉，缺点是没有木杆耐久。

图 2-22　天杆、地杆

（二）轴头、轴片

轴头与轴片（图2-23）是下杆两端必用的配套小物件，历来珍贵文物皆选择紫檀、红木、花梨、象牙、玉石等材料制作轴头。现代装裱轴头多用白杨木、杂木等，较为考究者选用琉璃、陶瓷等材质来制作。另外，有些裱画师善于收取保存完好、不裂不变形的旧画轴头来使用。

轴片是装于手卷尾部轴心两端的装饰配件，材质有玉、象牙、翡翠、瓷、景泰蓝等。

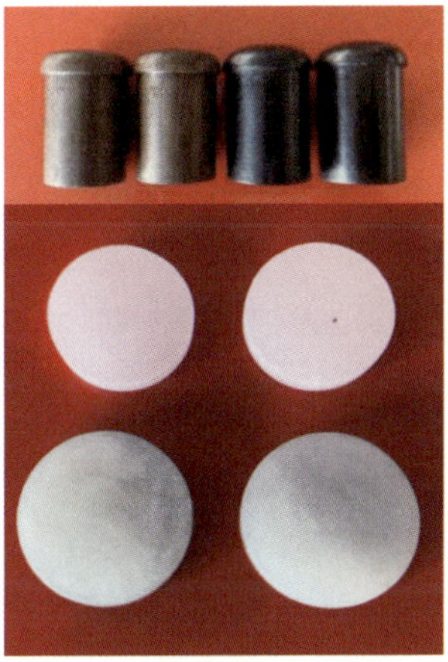

图 2-23　轴头、轴片

（三）别子

别子（图2-24），又称插签，用于手卷，多以玉石、骨料、象牙、塑料、玻璃等材料制成，起到固定、美观的作用。

图 2-24　别子

（四）铜钮

铜钮（图2-25），亦称鸡脚圈、铜圈等，主要用于固定天杆，以便于更好地缚绑画件。铜钮有单脚、双脚、缠绕以及订书针形状的形制。铜丝需选择具备弯折自如的弹性和一定硬度的，便于更好地制作铜圈，以备悬挂、展陈作品时使用，或者用于系天杆上端的丝线。

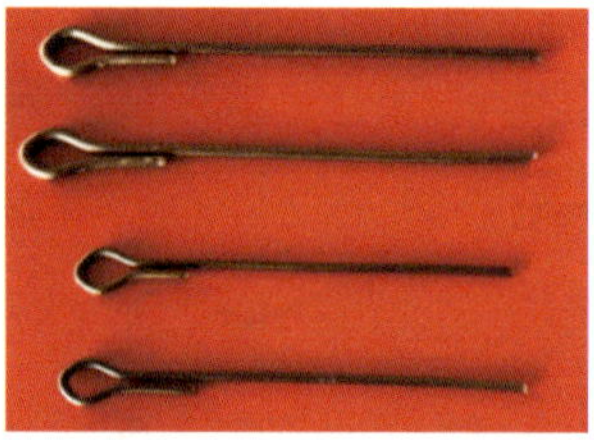

图 2-25　铜钮

（五）绦绳

绦绳，亦称为画绳、绳带、绦子，特指外层包裹丝层、内部用棉线填充的圆形实心线绳，用以穿过铜钮，方便悬挂。其颜色主要有绛紫、古铜、米黄等，可根据实际需要选用。

图 2-26　扎带

（六）扎带

扎带（图2-26），也称画带、绦带，是一种丝质扁绳，主要系在绳带上面，缚扎收卷立轴、横披等裱件。扎带的宽度一般为1.2~1.5厘米，颜色有黄、绿、紫等，长度可按裱件卷起来的直径来选择。

图 2-27　八宝带

（七）八宝带

八宝带（图2-27）是前人遗留至今的宝贵文化遗产，是一种色织提花丝织品，织带宽度为1~2.3厘米，其经纬线均采用双色1:1排列，运用表里换层显示纹样与色彩，并通过表里交换连接为一体。

传统的八宝带常用纹饰有八宝纹、吉祥纹等，常见花色有以浅绿色为主的浅色图案、以红蓝色为主的深色图案、以蓝绿色为主的中性色图案。

思考题

1. 简要分析书画装裱用纸的分类及使用特色。
2. 简述糨糊制作与储存的方法。
3. 根据所学专业知识与实践经验，简述动物胶矾水在书画装裱与修复中的具体运用。

拓展阅读

[1]《中国古籍修复与装裱技术图解》，杜伟生，国家图书馆出版社，2003

[2]《图说中国书画装裱（第2版）》，严桂荣，上海人民美术出版社，2008

[3]《中国造纸史》，潘吉星，上海人民出版社，2009

[4]《中国徽墨》，王毅，上海学林出版社， 2011

[5]《中国书画装裱500问》，吴学英，金盾出版社， 2014

[6]《纸系千秋新考》，刘仁庆，知识产权出版社， 2018

[7]《中国传统书画装裱技术研究》，李涛，岭南美术出版社，2019

[8]《锦上添花：中国书画装裱实验教学》，唐鸣岳，人民美术出版社，2020

[9]《本草纲目原色图谱800例 2》，林余霖，华龄出版社， 2020

第三章

书画装裱常见样式

未经装裱的书画艺术作品既呈现不了最佳的观赏效果又容易损坏。因此，只有经过装裱的字画方为完整的艺术品。正如《装潢志》所言，“装潢者，书画之司命也”，“宝书画者，不可不究装潢”。由此可见书画装裱艺术的重要性。

常见书画装裱样式可分为立轴、手卷、册页和成扇四类。本章根据上海视觉艺术学院文物保护与修复专业（书画和古籍保护与修复方向）学生培养方案，讲述镜片与横披，立轴、屏条与对联，手卷，册页四大部分内容。学生学完后应掌握以上四类装裱样式各个构成部分的工艺，并能进行基本的配色，对装裱样式熟稔于心。

第一节　镜片与横披

四类装裱样式中，镜片和横披的装裱形制相对简单，作为本科二年级学生初学接触的内容较为适宜。此节内容更多的是要求学生熟悉其装帧样式，掌握材料的用途和性能。

一、镜片

镜片也称为镜心，指的是在画心的四周镶接绫、绢、锦等丝织物作为装饰，上下不装天地杆，书画在装裱后装入镜框内悬挂于室内作为装饰的装裱形制。镜片分为横幅、竖幅、斗方三种样式。装裱镜片时需要注意：横幅的上边宽于下边（也存在上下两边相等的情况），两耳尺寸相等；竖幅的天头大于地头（以6:4裁配），两边尺寸相等。横幅、竖幅镜片镶接、挖镶如图示（图3–1、图3–2）。

斗方是指一或二尺见方的书画或诗幅页，多为尺幅较小的书画作品。

二、横披

横披也称为横挂，是为了解决横幅书画不便悬挂而出现的一种装帧样式（图3–3）。装裱时，横披多由一色绫绢等镶料装饰。裱件的长宽比例以10:4为宜。如一件33厘米×66厘米的画心，上边（天）宽4厘米左右，下边（地）宽3厘米左右，左右耳（亦称“立柱”）各宽17厘米左右。裱件总长100厘米，宽40厘米。上下边间加“袢”（亦称“边袢”），以绫或绢折成，可用于固定裱件不下垂。亦有竖加锦眉的做法，还有裱为二色的做法。

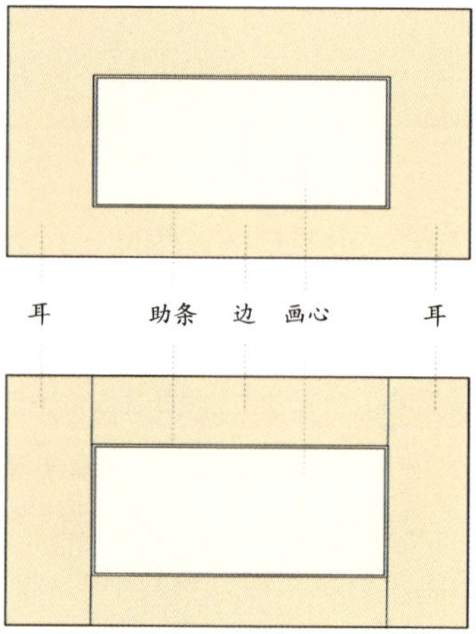

图 3-1　横幅镜片镶接、挖镶示意图

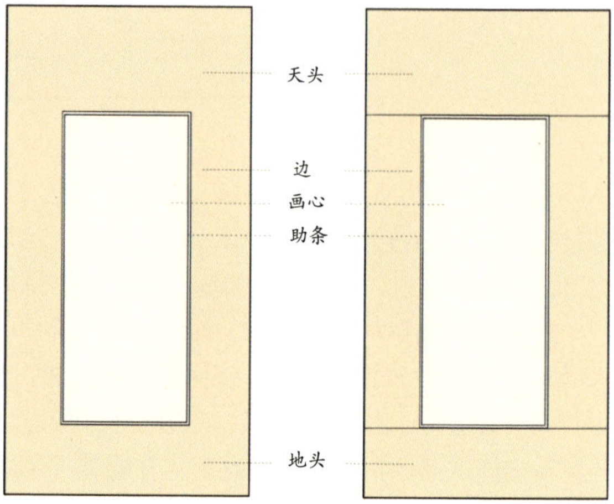

图 3-2　竖幅镜片镶接、挖镶示意图

横披的画心尺寸一般如上所述。特殊者，其装饰料规格，可参照上面的比例数灵活掌握。若装月牙杆，左耳尺寸一定要放宽。

横披背面有背纸、包首、签条、搭杆。背纸由两层宣纸托合。包首为绢质，宽25~30厘米（因虚空收卷圆周长，太窄起不到保护作用）。签条基本要求与立轴相同。搭杆贴在背纸下首两边（上半部压过夹口线5厘米），多用于月牙杆。

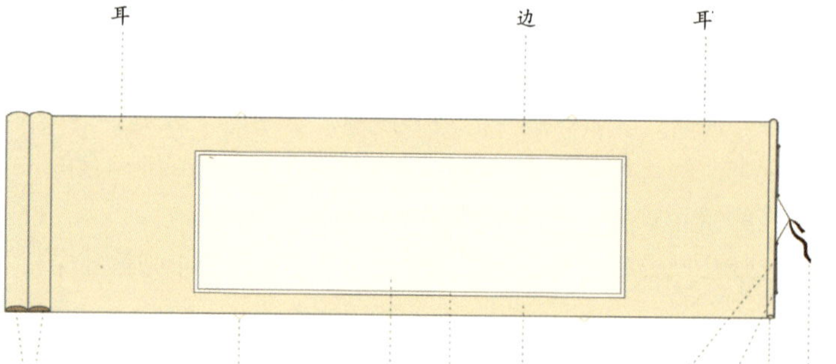

图 3-3　横披示意图

思考题

1. 请默画出镜片、横披示意图，并标注清晰的各部位名称及尺寸规格。

第二节　立轴、屏条、对联

书画装池，必先审视其气色。立轴作为书画装裱样式中最为常见的一种，可分为一色、两色、三色等多种装裱样式。立轴、屏条与对联三种装裱样式主要以垂直立面展示字画艺术之美。本节以培养学生掌握立轴、屏条、对联装裱样式为主，逐步发掘学生认知美、欣赏美的能力。

一、立轴

立轴，亦称挂轴、条幅、竖幅等。立轴字画在不同展陈条件下，有不同的叫法：悬挂于厅堂、书房中，画幅面积较大的称为“中堂”；画幅特别窄的书画作品，称为“条屏”。

立轴装裱构成，大致有画心、天地杆（头）、隔水、包首、轴头、惊燕、签条、距等部分。从装裱样式区分，立轴可以装裱为一色装、二色装、三色装、宣和装、诗堂装、半绫装、纸镶绫边装、绫镶绢边装、集锦装、锦眉装等等。从装裱工艺而言，立轴可分为正镶、反镶、挖镶等镶接工艺。下面将逐一介绍不同装裱样式的立轴。

（一）一色装

一色装是指画心周围用一种颜色的绫、绢、锦等材料装裱而成的立轴（图3–4）。整个立轴的边宽是根据画心面积大小来确定的，以四尺宣纸（138厘米×69厘米）的画心为例，一般边宽为10厘米，天地头高是以完整立轴的总长减去画心长度，按照6:4的比例分配。若装裱特别规格的画心，其边宽、天地头高度应该特殊处理。

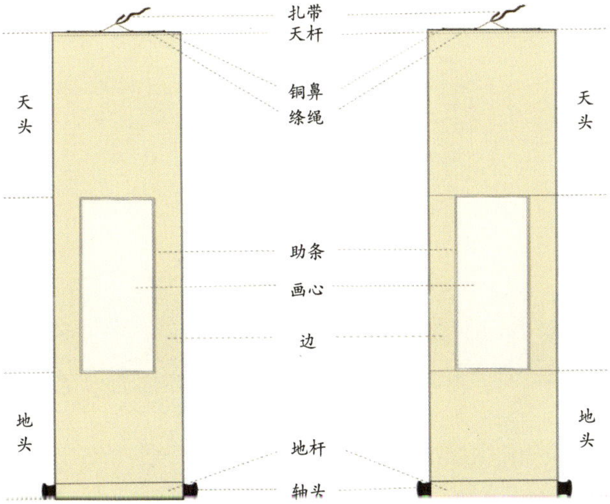

图 3–4　一色装立轴挖嵌式与拼接式示意图

（二）二色装

二色装是指画心的镶料用两种颜色的绫、绢材料装裱而成的立轴（图3–5）。圈框（指画心四周装饰材料的总称）与天地头的材质有两种搭配方法：一种为圈框与天地头均用花绫作为画心镶料的全绫装；另一种为圈框用绢料，天地头用花绫作为装饰画心的镶料，此种较前者更为素雅。

二色装的各个组成部分的尺寸规格要严格规范。其中，天头高60~68厘米，地头高40~45厘米，边宽应依画心的宽而定，一般为8~12厘米。隔水也称玉池，是指画心与天地头之间的装饰料，其上下总高为35~50厘米，上下按6∶4的比例分割。

惊燕，也称绶带、垂带、燕带。传统的书画装裱过程多以尺寸分为计量单位，老修复师们在折算惊燕的宽度时，根据裱件的宽度折算，术语称“一尺三分三”。注意传统修复时，1尺等于10寸，1寸等于10分，3尺等于1米，1尺≈33.3厘米，1寸≈3.3厘米，1分≈0.33厘米。

如果天头宽一尺，惊燕宽三分三；天头宽二尺，惊燕宽六分六。但在实际的应用中，天头的宽在一尺五寸以下和三尺以上者，从视觉美观角度来说，不能完全按照此折算方法来确定惊燕的宽度，应在算出的宽度上略作加宽或收窄，签条的宽度算法与惊燕相同。惊燕的颜色比隔水略深，花纹与天头基本保持一致。惊燕的样式除了平头外，尚有如意形等其他造型。

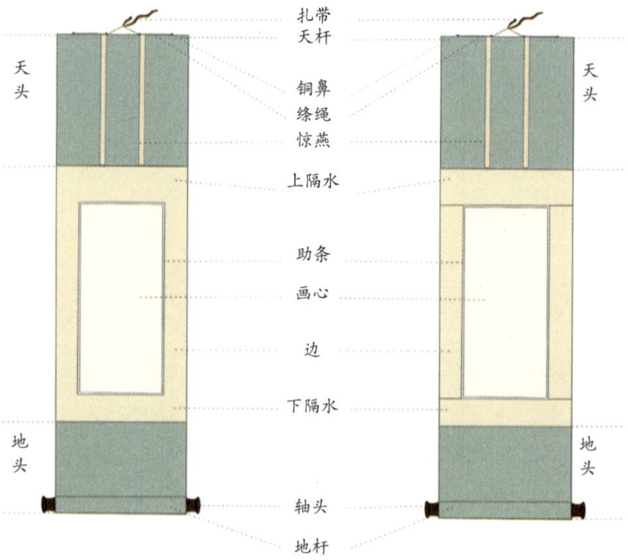

图 3–5　二色装立轴挖嵌式与拼接式示意图

（三）三色装

三色装是指画心由三种颜色的绫、绢等材料装饰，圈框采用挖嵌或拼接的形式进行装裱（图3-6）。和二色装一样，它也有两种绫绢搭配方法：一种为圈框与副隔水、天地头三部分均用花绫作为镶料；另一种为圈框用绢料，副隔水、天地头用绫料作为镶料。

三色装的装裱样式中，各个构成部分的尺寸规格依据画心大小而定。一般上下隔水（指圈框的上下部分）总高35~50厘米，多选用淡色系镶料，上下副隔水总高28~43厘米，颜色比隔水深一点，以隔水与副隔水均按照6∶4的比例分为上下隔水与上下副隔水。天头高60~68厘米，地头高40~45厘米。

惊燕的配比方式与二色装一致，颜色比副隔水略深即可，三色装的样式比较适用于短小画心的裱件。

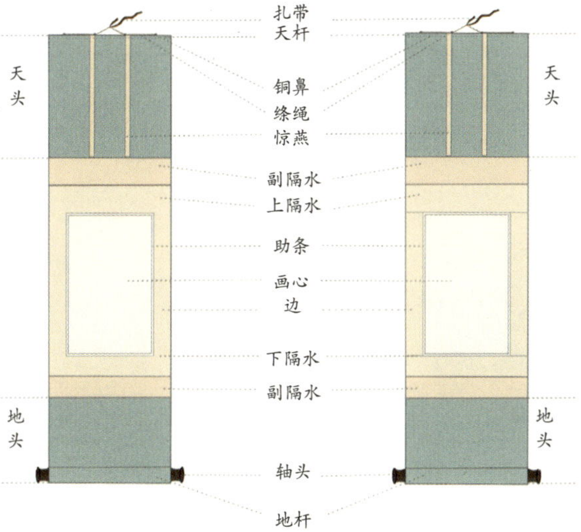

图 3-6 三色装立轴挖嵌式与拼接式示意图

（四）宣和装

宋式宣和装装裱样式起源于宋徽宗宣和年间，适用于扁宽、方正的画心，因广为流传，亦称为宣和装（图3-7）。宣和装的用色、用料均有明确具体的要求，例如画心上下用米色的绢隔水，四周镶古铜色的绢框、湖蓝色或青色绫装的天地头进行装裱。

从尺寸规格方面而言，天地头与上下隔水是6∶4的配比，天头高60~68厘米，地头高40~45厘米，隔水高35~50厘米。有的天头贴惊燕，宋代惊燕不贴实，明代后贴实作为装饰。惊燕的尺寸同二色装。

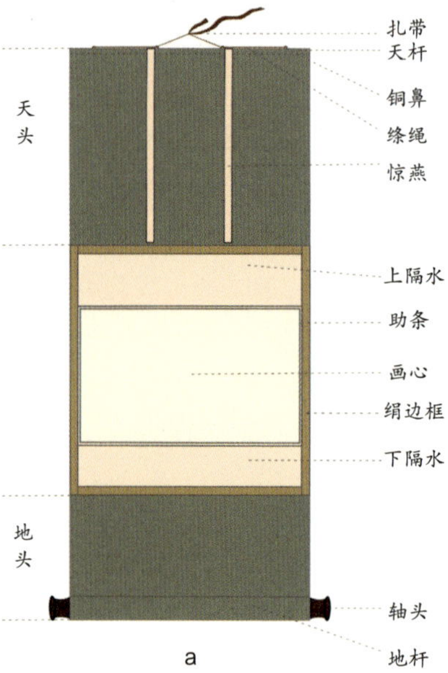

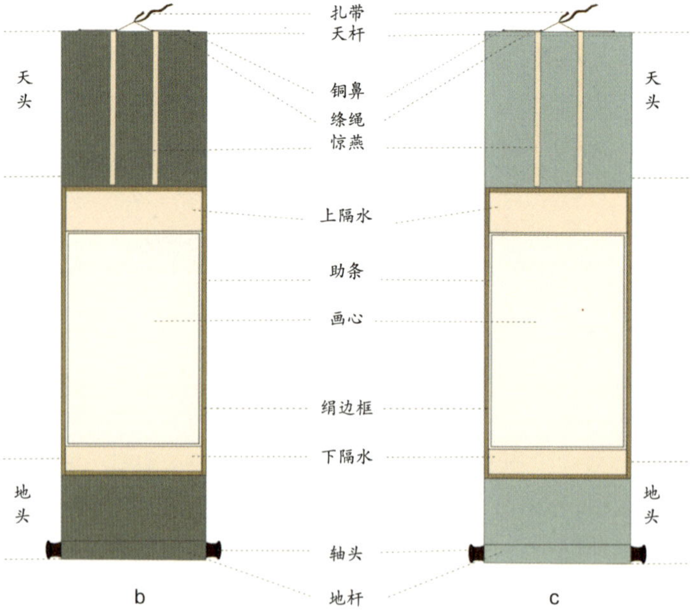

图 3-7　宣和装装裱样式 a、b、c

（五）集锦装

集锦装装裱样式是指采用镶接或挖嵌的方式将两幅以上的小型画心（包含扇面）用一块镶料来装饰（图3-8）。其边宽为3~8厘米，天头高50~60厘米，地头高30~40厘米。画心间的距离，根据嵌身高度自行确定，但相距不宜太大，目测感觉舒服即可。集锦装裱可采用二色装。如果画心或扇面大小不等，只能用挖嵌的方法进行装裱。

（六）诗堂装

诗堂装装裱样式是指画心上镶接一块空白纸料，以供文人墨客题字赋诗，故称“诗堂”（图3-9）。其装裱样式与一色装、二色装类似，也可以与其他形制类似，只是在画心上面添加了诗堂的部分。诗堂的高度取画心高度的1/3左右即可，两边、隔水以及天地头等尺寸规格可依所选用的形式来确定。

此种装裱样式广泛流行于明清时期，适用于方开画心，如需配诗题字的，皆可采取加镶诗堂的形式予以解决。

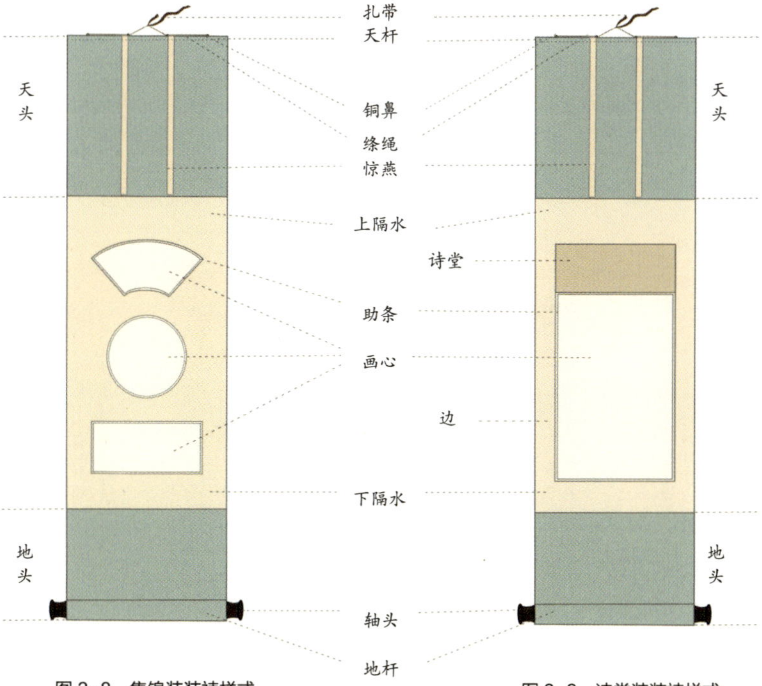

图3-8　集锦装装裱样式

图3-9　诗堂装装裱样式

（七）半绫装

半绫装装裱样式是指用绫圈框、纸天地头装裱而成的立轴样式，此类装裱样式既可节省绫料，也可节省工时（图3–10）。半绫装样式的边宽是4~6厘米，天地头、上下隔水的配比均是6:4，隔水高30~36厘米，天头是66厘米，地头为40厘米，窄边绫宽1.5厘米左右。

（八）纸镶绫边装

纸镶绫边装装裱样式是指用一色纸料装饰。一种方式是边和天地头都用纸镶，再在画心两边镶绫边，边宽为3~5厘米（图3–11）。另一种方式是画心只镶纸料天地头，并在两边镶绫料。天地头分别为66厘米、35厘米，绫边宽2厘米左右。

（九）绫镶绢边装

绫镶绢边装装裱样式适用于比较短的画心，有两种装裱方式。其一，用绫料镶天地头，并在画心左右各镶绢料边；其二，用绫做天地头与隔水的二色装裱，并在左右镶绢边（图3–12、图3–13）。其隔水高30—36厘米，按照6:4的配比分为上下隔水，天地头和绢料边框的镶接要求同纸镶绫边装一致。

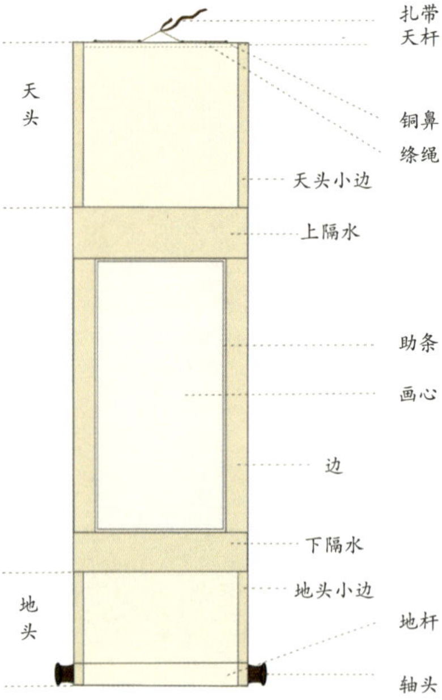

图 3–10　半绫装立轴装裱样式

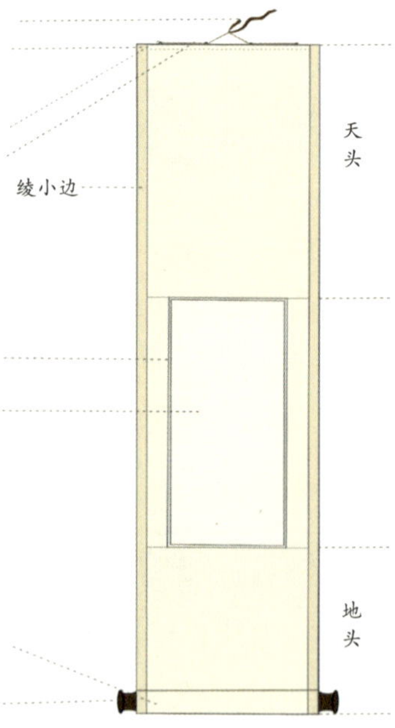

图 3–11　纸镶绫边装立轴装裱样式

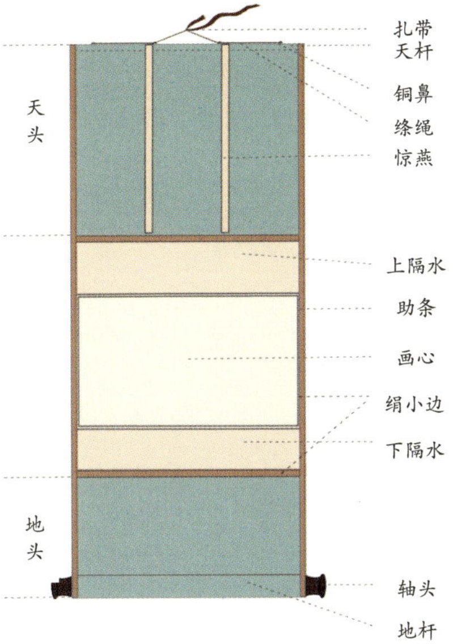

图 3-12　绫镶绢边装立轴装裱样式一

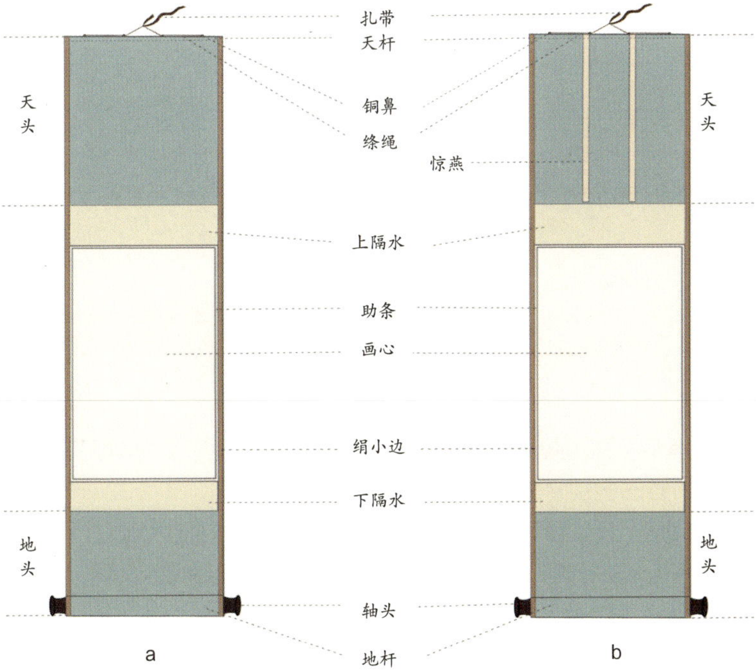

图 3-13　绫镶绢边装立轴装裱样式二 a、b

（十）锦眉装

锦眉装装裱样式是指画心上下镶压锦条，一色、二色装裱均适用。锦眉宽1~3厘米（图3-14）。上下两条锦眉的宽度相等或上锦眉宽于下锦眉。

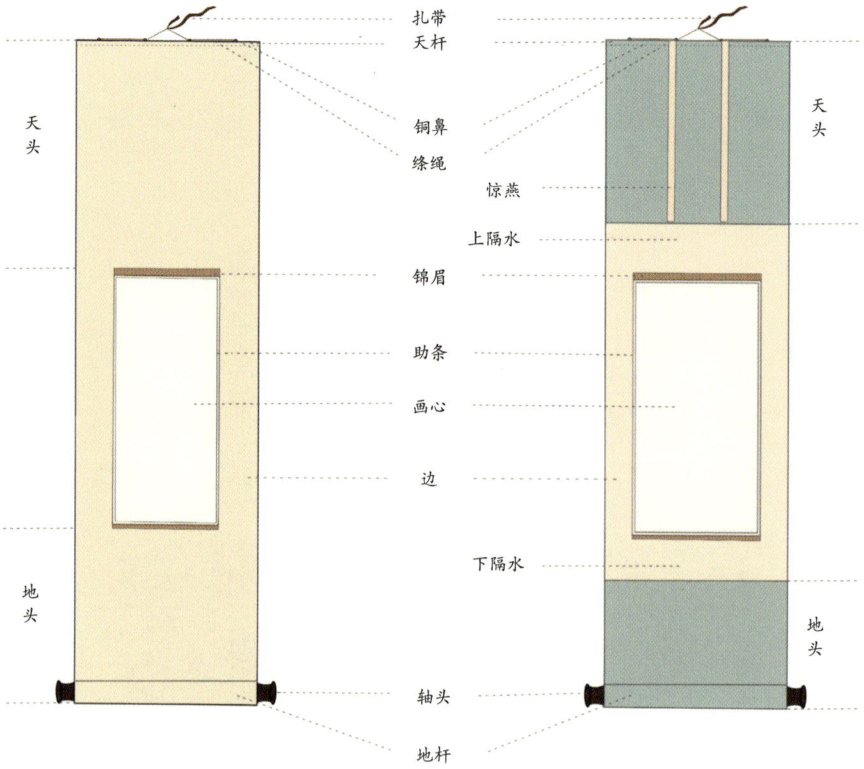

图3-14　锦眉装立轴装裱样式

二、屏条

屏条，是指将字画装裱为条幅的形式以装饰壁面，通常为4幅及以上的偶数组合。根据表现内容的区别，屏条可分为堂屏、通景屏两类。

在装裱形制统一的情况下，堂屏（图3-15）是指内容既独立且相互衔接的屏条，如春夏秋冬、梅兰竹菊、历史人物、神话故事等内容的四条屏。悬挂展示时，人们可根据审美视角以及室内空间面积等具体情况来决定条屏与条屏之间是否需留有一定间距。

通景屏（图3-16）是指多幅尺寸规格一致、创作主题连贯的屏条组合，用于展现巨幅山峦河川、日月星辰的风景以及花鸟画。选用通景屏样式装裱的作品，通常具备构图跨幅贯通、内容主题一致、画意书意紧密相连的特点。

图 3-15　堂屏装裱样式

图 3-16　通景屏装裱样式

三、对联

对联也称为楹联、门联、字联、书联等，其中双行长句称为龙门联。对联兴始于明代晚期，并发展成了轴式对联的装裱。一般采用一色绫镶裱，边宽为5 厘米左右，天头高24~30厘米，地头高16~20厘米（图3-17）。平头，也有加镶锦眉的做法。对联的画心尺寸与装裱款式要完全相同。对联的内容是由两幅字数相等的书法作品组成的。悬挂时，右为上联（也称出句），左为下联（也称对句）。

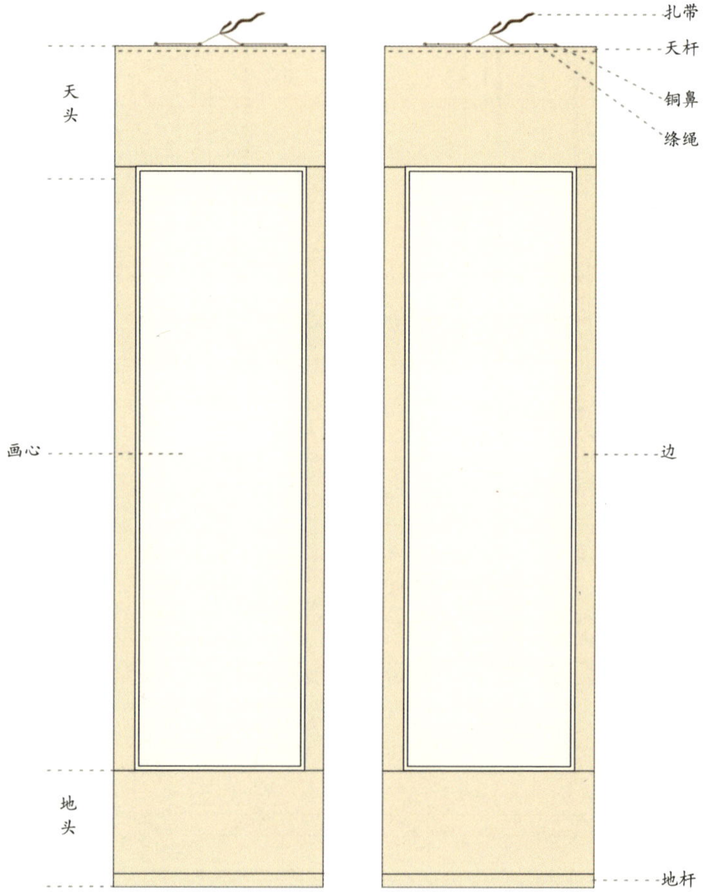

图 3-17　对联样式示意图

四、轴背

立轴背面由覆背纸、包首、签条、搭杆四部分构成（图3-18）。

覆背纸：用两层或三层宣纸托合。

包首：也称轴首。通常用绢，也有用绫或锦。包首的颜色同边框，宽20~33厘米，用于保护裱件不受磨损。

签条纸：用于题写书画名称，多用栗色。签条纸的长度为裱件宽度的1/3再加2~3厘米，宽度与惊燕的宽度算法相同，横贴在包首右上方。

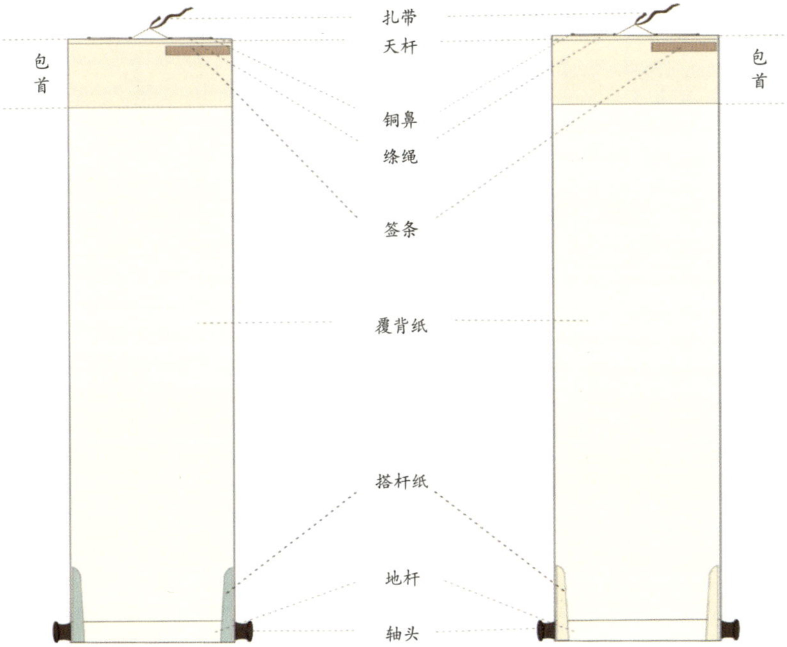

图 3-18　轴背示意图

搭杆纸：一色装用料、颜色与边框相同，二色、三色装用料、颜色与天地头相同。常见的形式有圆头三角形、尖头直条、云头状等多种，高15厘米左右（画件大，搭杆也要相应加大）。搭杆纸贴在地杆之上的覆背纸两边（上半部压过夹口线6厘米）。搭杆纸主要为增强包裹地杆的拉力，起加强作用。

思考题

1. 简述立轴装裱样式的分类及组成部分，并画出宣和装装裱样式图。
2. 请具体谈一下惊燕在立轴装裱样式中的意义和作用，以及惊燕的尺寸规格与位置。

第三节　手卷

手卷是书画装裱中实操难度较大的一种装裱形式。本节围绕手卷的构成、用料配色及形制种类等内容进行介绍，要求学生对相关教学理念、教学目标形成清晰准确的认识，在实操训练与专业知识学习中掌握相关知识，并通过训练加强专业技能。

综观古人遗留至今的图籍，大部分都以各种不同材质的“卷”呈现，也验证了卷本是我国出现最早的书画装裱形制之一。手卷亦称卷轴、卷子、长卷，是相对复杂的一种装裱形式。

手卷体积小、易于收藏，但组成结构复杂，按从右至左的顺序，依次为天头、副隔水、隔水、引首、隔水、画心、隔水、拖尾（图3–19）。

根据装裱要求，手卷各个部位的装裱材料应采用不同的材质。

天头：多选湖蓝色、青色、藏青色等青色系花绫；

隔水：多选淡色绫料，如米黄、天青等浅色；

引首：多选纸质材料，用纸的本色、染色、洒金、描金宣，用于题字；

拖尾：纸质，用纸的本色或染色，用于题诗作跋。

遇到特殊画心时，可根据高品质审美具体调整。

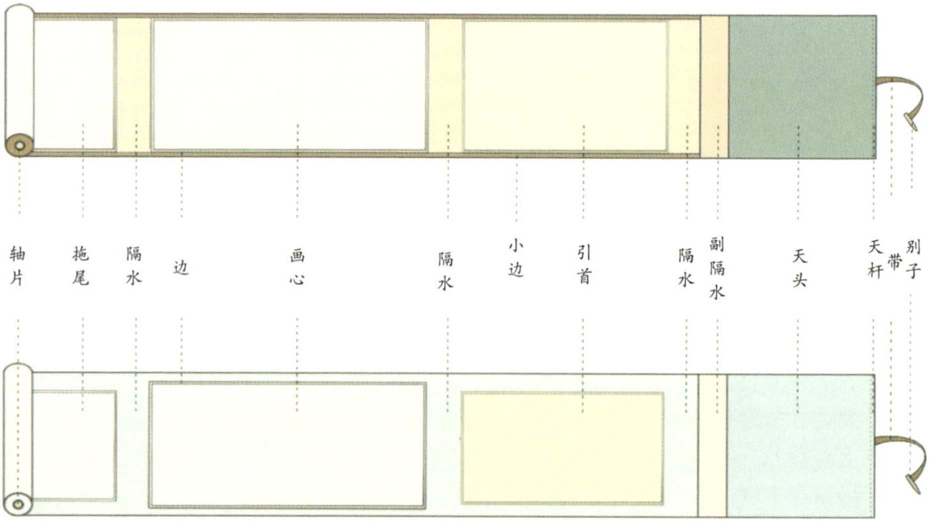

图 3–19　上图 撞边手卷示意图　下图 转边手卷示意图

手卷各部位的尺寸是以卷的高度确定的。以33厘米高度的手卷为例，隔水宽13.5厘米左右，副隔水宽12厘米左右，天头长60厘米左右，引首长100厘米左右。拖尾长度根据裱件的具体情况而定，一般裱件总长度不少于7米，从左至右收卷。

手卷的装裱样式可分为撞边手卷、转边手卷、包边手卷三种。三种样式稍有不同，但各个组成部分的基本规格和要求是一致的。

思考题

1. 请默写出两种手卷装裱样式的图例，并标注清楚各组成部分的材料配置。

第四节　册页

为了方便翻阅欣赏与保存，宋代以后盛行一种受书籍装帧影响而产生的形式——册页，此形式被用于装裱小幅书画、拓片、信札等。册页尺寸规格有4开、8开、12开等，从阅读方式上，册页可分为蝴蝶式、推篷式、经折式三类。其中，成册的取双页，前后各留两张空白页，称之为“副页”，以便于题字和保护画心。

册页这种中国传统绘画装裱形式类似于西方绘画中的组画，呈现出完整系统的艺术图像，它以多角度、连续性叙述一个完整的艺术故事，展现了艺术家的创作观念和艺术之美。

一、蝴蝶式

蝴蝶式也称为开板式（图3–20），适用于竖幅字画及扇面画。一开册页一般右页（主页）是画心，左页（副页、开页）是对题，中间由分心隔开，画心与对题的上下部分分别称为天头和地头，左右为边。翻阅时自左向右，页子似展开双翅的蝴蝶，因此称为“蝴蝶式”。

从尺寸规格而言，需根据裱件画心情况而定，例如：画心为18厘米×25厘米，上（天）边宽5厘米，下（地）边宽3厘米，竖边宽4厘米，“分心”（画心与对题中间的装饰料）宽2.6厘米；对开页如嵌对题，应与主页对称相一致。画心四周尺寸的配比原则是：上边比下边宽（上边与下边宽度比为3:2），竖边略比下边宽，特殊情况可灵活掌握。

嵌身也称为开身，即画心四周装饰料，多选镶料纸（或原白或染色），取其素雅大方。若用绫、绢，则要在每开四周进行包边或进行转边，以防止丝缕毛疵。有人将横匾画心取中对折，装成蝴蝶式。久而久之，对折处折缝断裂，容易损伤画心，又易失散，一般不采用这种做法。

另有一种“五镶式”蝴蝶式装裱样式，其画心与对题由五条一色镶料装饰。配料原则是：天（上）边、地（下）边，左右竖边，分心的尺寸比例与挖嵌式相同。具体尺寸可参照上述有关装裱样式，并视画心情况灵活掌握。五镶式镶料，以绫、绢为多，其画心与对题尺寸应完全相同。

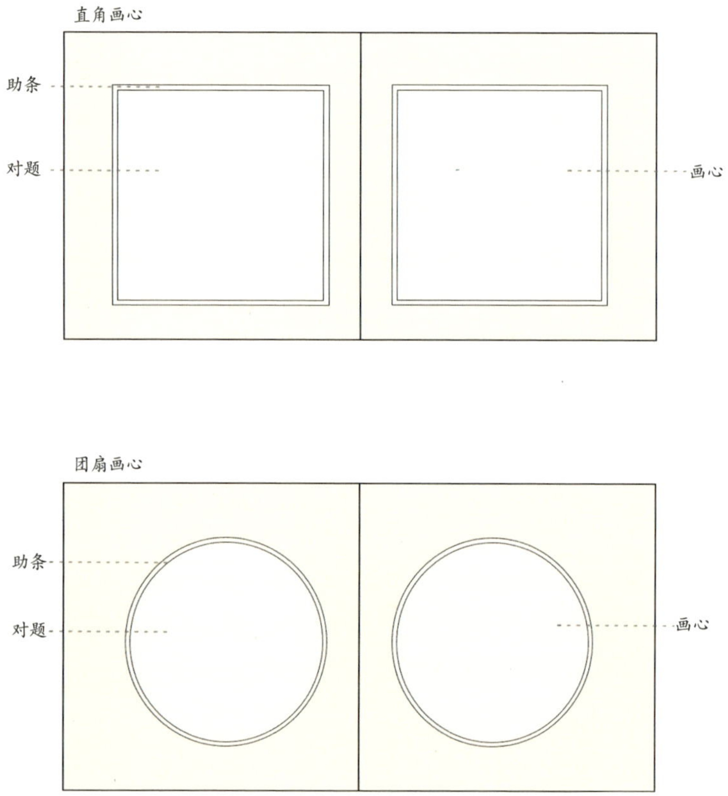

图 3-20　蝴蝶式册页示意图

二、推篷式

推篷式因上下翻阅的方式似折叠车篷而得名（图3-21），多用于横幅书画与扇面画。画心由一色镶料装饰，挖嵌在下半开；上半开或空白，或挖嵌“对题”。裱件规格需视画心情况确定。例如：画心20厘米×30厘米，“分心”宽2.6厘米，底边宽5厘米，左右边各宽4厘米，一开册页，下半开嵌画心，上半开嵌对题，对题应与画心对称一致。画心四周尺寸的配比原则是：左右边相等，底边略宽于左右，特殊情况可灵活掌握，嵌身要求同蝴蝶装。

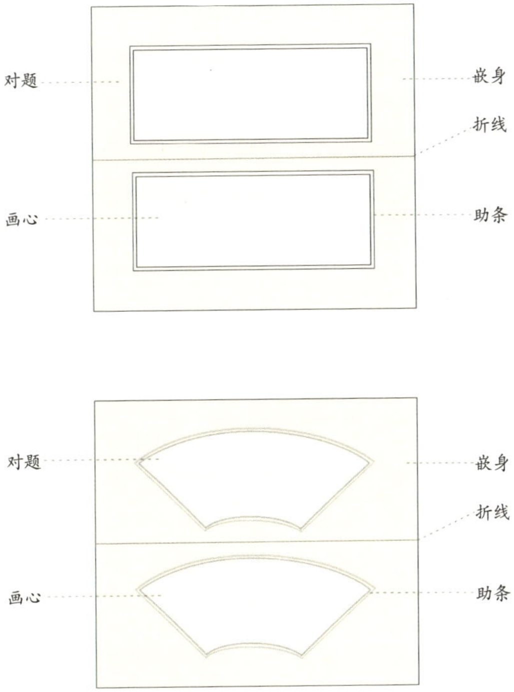

图 3-21　推篷式册页示意图

三、经折式

经折式最初用于抄诵经，也是最早的一种册页装，主要适用于竖窄条的画心，例如书法、信札等（图3-22）。经折式的最大特点是可以将整个册页全部展开，而蝴蝶式和推篷式则不能全部打开，人们只能一页一页地欣赏。现在的经折式册页，大多只用宣纸装裱而成，不需要加任何装饰。人们先做成册页，然后在成品册页上写字、画画非常方便。

另外，经折式的两开半式是指四幅画心在一张镶料上挖嵌，并留半开空白页。其嵌身为纸料，用原色纸或染色纸，左右交替翻动并折成五页相连状。

四、册面

册面是指一本册页的封面与封底，以草板纸、硬卡纸木板等材料制成，用于保护册芯、装饰册页，并可粘贴签条。

包锦面：以0.3~0.5厘米厚的硬纸板包锦制成。锦面硬纸板的四边呈50度斜坡。是一种最常见的式样。五合板亦可代之使用。

嵌锦面：以0.3厘米厚的木板作底，四周镶粘宽0.5~0.8厘米、高0.5厘米的红木边框（通常是斜边或弧形边），框内黏合锦芯（黏合时，以与边框持平为准）。此种做法较考究，需请木工协助制作。

硬木面：以0.3~0.5厘米厚的红木、楠木等较名贵木材制作。可素面烫蜡，也有镌刻文字、纹饰的做法。此种硬木面，多用于碑帖、信札，亦需请木工制作。

签条：签条的位置是以册页的横竖形式确定的。推篷式，签条贴在册面中上部。蝴蝶式、经折式册页，签条贴在册面左上方。签条的尺寸是根据册面的规格来定的。蝴蝶式的签条宽度是册面宽的1/10，高度是册面高的8/10，如册面宽20厘米、高30厘米，签条则应为宽2厘米、高24厘米。推篷式的签条宽度是册面宽的1.2/10，高度是册面高的8/10，如册面宽30厘米、高20厘米，签条则应宽3.6厘米、高16厘米。

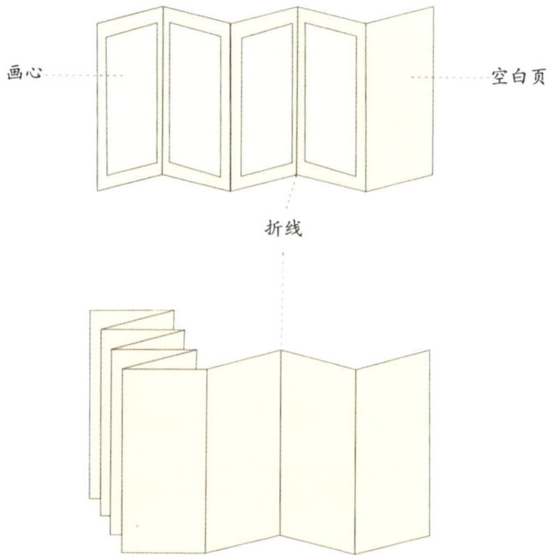

图 3-22　经折装示意图

思考题

1. 请默写出推篷式和蝴蝶式册页装帧样式的图例，并标注清楚各组成部分的尺寸规格。

2. 请自行体验打开推篷式和蝴蝶式册页的感受，并在此基础上，谈谈这两类装裱形式对画心的保护与影响。
3. 简要分析做一个撞边手卷前期的工序与流程。

拓展阅读

[1]《书画的装裱与修复》，故宫博物院修复厂裱画组，文物出版社，1981

[2]《中国书画装裱大全》，杨正旗，山东美术出版社，1997

[3]《中国书画装裱概说》，冯鹏生，人民美术出版社，1992

[4]《书画装池之美》，刘芳如，台北故宫博物院，1998

[5]《图说中国书画装裱（第2版）》，严桂荣，上海人民美术出版社，2008

[6]《锦上添花 中国书画装裱实验教学》，马麟春、侯弟坤，人民美术出版社，2012

[7]《中国传统书画装裱经典款式大全》，周和德，河北美术出版社，2018

[8]《图文新解装潢志》，史鹏飞，江苏凤凰科学技术出版社，2019

[9]《中国传统书画装裱技术研究》，李涛，岭南美术出版社，2019

[10]《艺术鉴藏与活化》，何士扬，中国美术学院出版社，2019

[11]《中国古代物质文化史——绘画·卷轴画》，陈思、邢陆楠，开明出版社，2021

第四章

书画装裱的操作工序

书画装裱与修复是一项考验心、眼、手、脑综合能力的技艺，合格的装裱修复师需要有扎实的基本功训练，诸如裁刀功、排笔功、刷帚功和眼功的综合练习。另外，装裱修复师还需要充分掌握制糊用糊、托画心、托染料纸以及镶画、覆画、砑背和装杆等一系列装裱实操工序。本章根据书画和古籍保护与修复专业课程安排，由浅入深，逐步讲述镜片、立轴、手卷、册页四类常见书画装裱样式的操作工序，旨在帮助学生建立扎实稳健的基本功，为书画装裱和修复积累扎实的专业基础，同时培养学生手脑协调能力和实操应用技能，增强其大国工匠的精神引领。

第一节　书画装裱的基本功

书画装裱基本功的养成并非一朝一夕，需要学生掌握正确的手势，养成良好的操作习惯，日日练习，方能在今后的字画装裱与修复工序中少出差错。裁刀功、排笔功、刷帚功和眼功的综合练习极其考验学生吃苦耐劳、积极进取的职业精神，学生既要用心又要“卖力”，方能做到掌握自如、得心应手。

排笔是由几支到三十几支不等的羊毛笔管连接而成的装裱工具，主要功能是化水润纸、刷糨托画托纸张、绫绢染色、覆背等。专业书画装裱排笔要满足笔管直径在1厘米左右、笔锋长在7厘米左右的要求。另外，笔毛要洁白柔软且富有弹性。排笔中，湖州的羊毫笔最负盛誉。

开笔

新排笔开笔前，要先用清漆和耐水胶黏合剂在笔根处加固笔毛，保证使用过程中笔毛不脱落。待黏合剂晾干后，将排笔用清水开笔，洗出排笔中的污尘，并将笔毛浸泡柔软，再浸入稀糨糊中使糊入笔，如此方可使用。

执笔

正确的执笔方式与操作方法，有利于提升装裱的工作效率。首先，裱画师应端正站立于案台前，右手大拇指和食指横斜执笔，排笔右上角抵住掌心，中指、无名指紧挨在食指下，四指向内压紧。随后，拇指用力夹住，五指共执，指实掌稳，控制笔管，运行排笔时手腕灵活，圆转自如，时轻时重。反复练习，直至熟练为止。

笔法

排笔刷糨糊的运行笔法可分为全笔触纸、局部触纸、全锋直线划刷三种。

1.全笔触纸：排笔笔锋一起接触纸面，把笔杆微向外斜，如行偏锋，万毫齐力，大面积刷向裱件上下左右四个角度。

2.局部触纸：将排笔前方的五六支笔锋接触纸面，后面的十余支提起，用于小面积刷糨糊。

3.全锋直线划刷：用所有笔锋一齐着纸，只向左右或上下垂直、平行地刷糨糊。如行中锋，用以固定纸张；行侧锋，可用于裱件四周上糨糊。纸上走笔，只能用笔锋的1/3，最多1/2，不可用笔肚、笔根。行笔主要靠腕力，笔笔有劲，笔笔着实，刷出笔路，自然挺拔。最忌拖泥带水地拖笔，与纸面摩擦过大，会使纸张破碎。

排笔蘸稀糨糊犹如书画家之用笔濡墨，要按需蘸取。蘸糨糊之前，必须先将盆里的糨糊调匀，饱和程度一般为全笔吸取七八成；如果觉得过多，可在盆边上篦去一些，既可减少糨量，又可理顺笔毛，再在裱台上调刷匀净，然后悬肘落笔，落笔要轻。行笔快慢，要根据笔中含水含糊量而定。前人经验："水多落笔轻，行笔略快；水少落笔重，行笔轻缓。"其中原理是：如果水多落笔重，纸面太湿容易破；水少落笔轻，刷上的糨糊欠匀，笔路飞白，容易漏糨，致使裱件干湿不匀或中空凸起。所以刷好糨后，要从纸张侧面看，仔细检查糨是否都已刷到，有没有粘上笔毛等杂质，如果有，必须补笔或挑剔干净。

行笔顺序，不论大幅小张，都要掌握一种规律。前人经验："从中间向四面刷开，行笔如写'米'字，或如横写'介''个'字。"即先从中间一笔开始，然后向四面八方循序渐进，一笔接着一笔，不可脱空，不可重叠，不可违反规律。东刷一笔西刷一笔，行笔中空，会使纸张干湿不匀，产生破碎或夹皱；行笔重叠，会使叠处受湿过重，拉破面皮。每笔笔距以10~15厘米宽为宜，不能拉得太长，如果笔距开得太长，也容易刷出夹皱，影响裱件质量，同时还要注意避免产生气泡。

一、刷帚功

刷帚即排刷，主要用来托画覆纸、排刷、洒水等。一把刷帚如何开锋、保养以及使用，都需要好好学习。新的刷帚，先须开好锋口。开锋应先将刷帚梳理整齐，然后修剪平齐，再用马蹄刀削铲两侧，铲出相同斜度，最后将刷帚浸湿、扶正在砂纸上，先粗后细反复刷磨，磨到两侧斜面光滑不涩为止。

棕丝含有紫色棕粉，如未洗净用来刷画，会弄脏画幅，故在未用之前，先要在碱水内浸上一天，然后更换碱水入锅煮沸，直至棕刷上浮色尽去，再用清水洗去碱质，晾干整理方可使用。刷糨糊的刷帚每天使用之后必须洗净晾干，如长时间不干，会使刷口变软而不利于使用，减短刷帚的使用寿命。

使用刷帚要五指共执，即用虎口斜夹住刷帚的右上边，前面用拇指向里压，后面用其余四指执住帚身，不使晃动，指实掌虚，便于运转。刷帚的运腕方法，是在手臂的带动下，使手背与手腕成直线，手腕与台面平行，行刷时手腕的运动与行刷的快慢要协调一致，自然灵活有劲，即书家所谓执得合法，就能用得便利，圆熟生巧。

刷帚有“上、刷、排、贴”几个使用步骤。

“上”是上托纸、上画，是使用刷帚的初步工序。托画心时，纸面上刷好糨糊后，下一步就是将托纸刷上，从这步开始使用糊帚。如画面平整且不褪色，可以长刷，即拉长刷距一上一下，连续行刷，并须一刷接一刷，不能漏刷；如果画面不平，结皱很多，只能采用短刷。行刷仍从中间刷向四面，即“米”字形刷法。

“刷”是补“上”的不足，其作用是使覆背纸互相结合，更加坚固。其用力要比“上”大，运行同“上”法，但只能刷在托纸或覆背纸上，不能刷在画心正面。

“排”是指将覆背纸与画心排结实的工艺。排要着力，一个方向顺刷，或上下来回“直顺”，或左右来回“横顺”，循序渐进，不乱不漏，顺着帚锋。下刷由轻至重，去向用力大些，其手势犹如写大字用逆锋，下刷后棕刷要向下略微倾斜，帚锋向着倾斜的方向刷出，其作用是把纸刷平。反向轻松些，一去一回协调顺刷，其作用是把纸排得更紧密。

“贴”是指上壁贴板，在裱件四边上糊后，用手指夹住裱件，右手兼持刷帚抵住裱件，揭起贴到板上。先刷右角封好上口，再依次封好四边，其作用是把裱件贴平，四边糨口黏实，使不起伏。刷帚刷纸不能用逆锋进刷，要顺着帚锋的棕丝，略带横斜，用刷帚的横阔面横刷，要一刷接一刷紧跟接刷，不可中空或重叠，刚柔相济，轻重适宜，过重破纸，过轻乏力，要以不重不轻的软硬功运行。

二、眼功

书画装裱修复行业中所谓“眼功”是指技艺的准确度、专业材料识别鉴定能力与敏锐高超的视觉审美鉴赏眼界。前两者多指书画修复师在裁纸、绫、绢等裱件的材料选择，以及裱件全色、接笔时的经验性眼光与修复材料的识别能力。审美鉴赏眼界是指修复师要具备深厚的文史哲等知识素养和高雅的艺术审美能力。当然，“眼功”并非一朝一夕可以练成，而是经过无数次的实践操作和大量知识经验积累所得。

装裱师拿到一件好的裱件，首先要考虑的是这件作品的年代、创作者所处时代的艺术风格、装裱材料的选取以及装裱质量。其次，如果是出自名家之手，无论裱件受损多么严重，都需要一定的鉴别力，然后采用合适的装裱手法，想办法复原，否则作品将失去价值。最后，专业的装裱师在书画装裱行业内，需要不断地学习历史文化知识，增加文化底蕴。关于全色、接笔、染色等工艺技巧，需要增强一定的美学、色彩学的知识；即使裱一张当代的新画，你也要了解它的纸张、性质，再决定如何来装裱。

另外，方裁一张画心，是否四边互成直角，对天地杆的选择是否均等，都要有一定的眼功。所以要装裱好一张画，除了刷帚功、排笔功、裁刀功以外，眼功也是不能缺少的。眼功的练习，除了要经常练习方裁，提高眼睛的观察力，做到手到眼到外，还应该多看各种各样的字画来进行对比。可以到博物馆去参观学习，也可以看一些书画鉴赏类的书籍，这样不断地长期累积，经验丰富了，眼功自然也练就了。

思考题

1. 请谈一谈正确的打开排笔的方式，并写出详细步骤。
2. 请简单谈谈使用刷帚“上、刷、排、贴”的方法和心得体会。

第二节　书画装裱的实操工序

书画装裱的实操工序繁多，不可省略，稍有不慎便会影响装裱效果。书画装裱与修复遵循着传统工艺最小干预和可逆性修复原则，以做出具有中国传统特色的修复装裱作品。因此，制糊与用糊，托画心以及托、染料纸，镶画、覆画、砑背和装杆等实操工序需要严格准确地进行，不可大意。

一、制糊与用糊

（请扫描版权页上二维码，观看教学视频）

糨糊是书画装裱专用的黏合剂，托画心、托料、镶活、覆背等工序，均离不开它。装裱用糨糊的原料是明矾和精制面粉。制作糨糊要根据季节的变化调制比例。冬季500克面粉制糨糊可加入2~3克明矾；夏季500克的面粉则需要加入5~6克明矾，以增加糨糊黏性并起到防腐作用。

（一）制作糨糊的方法及注意事项

在书画装裱行业中，制作糨糊的方法有很多种，最常见的制糊方法有“水冲法”和“锅煮法”两种。

1.水冲法

（1）先准备500克精制提纯面粉、细粉状明矾、清水、搪瓷盆、木棒、热水，按照一定的比例加入适量明矾，以起到防腐酸化作用。

（2）上底水，冲入30摄氏度左右的少量温水，用棍棒搅拌成厚糊状，即“糨头”。随后，冲入100摄氏度的沸水，其间左手倒水，右手执棒，一边冲水，一边搅拌。搅拌时按照同一方向，绝对不能时顺时逆，否则制出的糨糊会变成稀水，没有黏性。

（3）注意掌握搅拌时间。时间太短，尚未搅匀，糨糊无黏性；时间太长，糨糊结块成了面筋，黏性不够，化不成稀糊，不可作裱画之用。

（4）制糊时间一般控制在15分钟左右即可。冲搅时用水量要有所控制，水量多会成稀糊状，水量少会成干糊状，皆无法用于裱画。

一般打成厚糊状，既无干面又能挑起成形。冲水时要边冲边看，慢慢地积累经验。新制的糨糊特别黏，不便掌握稀稠度，因此，调制后的糨糊应立即浸泡在清水中，等凉透后方可使用。清水浸泡可防起皮干结，避免糨糊表面出现硬皮现象。

2.锅煮法

首先取适量提纯后的淀粉按水冲法做成糨头；然后用铁锅将水烧开，在开水中加适量的明矾；最后将糨头慢慢倒入锅内加热，用搅棒随之搅动，待糨糊变成半透明时，即为熟糊。

古人制糊多用锅煮法。但这种方法做成的糊往往过熟，糊色偏暗，糊性大，而且制作时稍有不慎就会煳锅，一旦煳锅，糊中的杂质增多，影响使用效果。

3.使用糨糊的注意事项

书画装裱行业，关于糨糊的制作与使用，从业者需要无数次的实践，才能掌握其中的诀窍与奥秘。实际用糊的厚薄程度，既要按照各道装裱工序的不同情况，又要依据装裱对象纸、绢、绫的生熟、厚薄程度的实际情况而定。如何巧妙地使用糨糊，做到裱件不脱不粘、舒展灵活，需要时刻谨记糨糊制作与使用时的注意事项。

例如：厚糨糊裱画不但容易发霉，且使裱件脆硬易折；薄糨糊必须调匀不使起泡，且须千锤百捣，才能发挥黏合作用。用糨糊前，须先放在瓷盆中捣碎，捣得越久糊性越大；托绫、绢时所使用的厚糊，需要用不同粗细程度的筛子进行过滤，以确保糨糊厚薄均匀；托纸心薄糨糊，要用冷水慢慢调开，使水和糨糊完全融合，不能一次性把水倒在糊块里调，以免搅拌不匀，出现糊块，因糨糊不匀，而导致不黏。夏天高温，冬天严寒，薄糨糊仅限当天调用，一经发酵或冰冻则无法使用。

春末近夏季，秋初天还热，煮糊宜熟透，欠火容易发酵，糨糊发酵，涩性倍增，行刷不畅，易坏纸素；秋末近冬季，春初天还冷，煮糊不宜太熟，微见透明，即可出锅，过火减去胶性，容易发生重皮、中空、开豁现象。糨糊打成后，用清水浸没保存，可以防止糨糊变质、结皮。但天热气温高时要天天换新水，夏季一天须换两次，因夏季时糨糊易发霉，冬天时糨糊如果冰冻，则全无用处。糨糊切忌热用，热时黏性过大，裱成裱件会凹凸不平，形成瓦卷。

二、托画心

中国书画是艺术家用国画颜料、水墨在宣纸上进行的艺术创作，但创作完成后的作品若不托画心，宣纸会出现褶皱水波状，不利于观赏与保存。因此，我国古人发明了托画心，即将画心与宣纸托合于一体，能使作品既平整，又气韵生动。托画心是一种绝佳的装裱方式。

托画心，也称为小托、托心等，是书画装裱与修复最基础、最重要的一道工序。托画心的质量，直接关系书画作品的寿命，固托画心的宣纸也被称为“命纸”。

托画心前，准备工作要做好。首先准备不同厚薄的糨糊，通常是将准备好的块状厚糨糊用木棒捣碎，反复搅拌至无糨糊颗粒；随后加入适量的清水，再次充分搅拌即可使用。注意，如果薄糨糊中含有颗粒状，可用不同型号的筛箩过滤2~3次。其次，配托纸要根据画心的情况来选择不同厚薄的宣纸，托纸的尺寸约大于画心四周2厘米即可，为上墙刷糨糊、裱件下墙时留有余地。接着要把裱画台擦拭干净，自然晾干。最后，将排笔、棕刷清洗干净，并与针锥、镊子、毛巾、糨盆等放置在裱画台右边。与此同时，需要注意画心是否为重彩、脱色画面，如果是，还需要用胶矾水固色。

常见的托画心方法有湿托法、干托法、飞托法三种，具体操作方法如下。

（一）湿托法

湿托法，又称为“直托法”，是一种常见的托画心方式，适合于不走墨、不脱色的画心。基本操作方法可分为方裁画心、潮水润画、上薄糨糊、上托纸、排刷、拍糨糊上墙、启揭下壁六道工序。

1.方裁画心

首先是裁齐画心的长边。一般是将画心横边自上而下对折，用直尺压在画心上面，中间供起的画心两端高低齐平时，用针锥扎孔作为标记。此时，松开画心，直尺放好，用刀尖对准针孔，裁齐长边后，再裁齐平行边。当画心两长边裁剪齐平后，用同样的方式将长边横着对齐，使用针锥扎孔作为标记，裁剪两个横边。裁齐的画心四角都是90度的正方或者长方形的标准“四口”，可证明方裁画心上佳。

2.潮水润画、上薄糨糊

潮水润画、上薄糨糊是两个连续的操作程序。裱画师拿到方裁的画心后，将画心朝下平放在案台上，竖幅画心画首在右，横幅画心画首靠近裱画师站立的桌面一侧。随后用压力较足的喷水壶朝画心喷水，装裱行业称之为“潮水”，注意潮水的水要呈水雾状，保证画心整体潮湿，此时画面会自然伸展。如果是比较厚的画心，适当多喷些水，并静置2~3分钟，保持画心湿润。最后，拿起排笔自右向左（竖幅）、自上向下（横幅）刷糨糊，刷糨糊时以“米”“介”“个”字形逐步展开，保证画心背面所有位置都刷上糨糊。

3.上托纸

画心上糨糊后，将事先卷好的托纸覆盖于画心之上，再用鸡毛掸子轻轻掸平对正。这样可使托纸充分吸收水分，纸张自然伸展，后续用棕刷刷平时，不会出现过多的褶皱。如果托纸与画心不是很齐平，可自由调整托纸的位置，待上、下、边、角对齐后，使用鸡毛掸子轻轻掸平，最后用棕刷自右向左（竖幅）、自上向下（横幅）轻轻平刷，保证覆背纸与画心充分贴合。

在行刷过程中，左手拿住托纸的另一头，动作协调，微微掀动托纸，既可伸展纸张、减少夹皱，也可防止纸张未刷先粘。使用棕刷过程中，微微揭一揭，使托纸有伸缩余地，从而使画心平挺。注意，上完托纸后，如托纸四周先干，容易粘住台面，揭起时容易撕破；可用喷水壶在干处稍喷点水，以便揭起画心。

上托纸时，为了对准画心，可在画心上好糨糊后，在画心的右上边放一个直尺作为标杆，以保证上托纸的准确性。

4.排刷

托纸上完之后，可将画心自右向左轻轻折起，做一个“起身”的动作，以确保画心完好。接着擦干净台面，保持台面整洁。随后，平铺一张干的宣纸，托件画面朝下放在宣纸上，从中间开始向四周刷平，这样既可以吸干画面多余的水分，也可增强画面的紧实度，同时减少微小的褶皱。

5.拍糨糊上壁

画心上墙、下墙时需要谨慎细致，如尺幅大的画心上壁时要用厚一点的纸张垫着两个角，保证裱件不因重量的问题而损伤画件。

在画件四边，用糨油纸垫着，按右、上、左、下依次涂1厘米左右宽的厚糨糊，随后，右手拿着棕刷将托好的画件揭起身，接着用左手拿起画件的另一边。此时，画件完全被揭起，用棕刷将裱件上面固定在墙体上，接着一左一右依次平刷涂有厚糨糊的地方，直到最下端，在方便的一侧贴上启口纸（通常在画心下边），便于后续下墙。若裱件与墙面贴合过紧，可在启口纸处轻轻吹一口气，使画面与墙体不完全贴合。

注意，有时托好的画件有矾性较大或者有托纸接缝以及画心纸接补的情况，应当先用晾杆挑起，自然晾干水分，或在画件上边口拍上糨糊贴墙晾干。待画心晾干后，方可取下画件，将画件背面朝上置于案台上。此时在画件背面均匀洒水，使画件湿润后自然伸展，然后用棕刷刷平，最后在四边拍糨糊上墙。

6.启揭下壁

画件自然晾干后，用竹起子倾斜45度角轻轻插入启口纸处并轻推启子，先向右下方轻推，再向左下方轻推，直至下边全部启开。然后再从右边向上45度角轻推起子，使得画件右边全部启开。最后，右手捏住画件右边中部，左手捏住下边中部，借助角度的张力，顺利将画件完全启揭下壁。

（二）覆托法

覆托法，也称为干托法，适用于浓墨、易脱色及熟纸画心，用覆托法时动作要快，它适合在干热天气时用于装裱，可快速托成。

覆托法具体操作步骤如下。首先，在画心装裱前，根据不同作品做预处理，如重彩画，可先在画心重色处使用适合的骨胶水固色。刚创作好的书画作品，可将其包裹好放在蒸笼里蒸，以固墨色。随后，需要准备两张大小与托纸相同的干纸，一张放在托纸下面吸水，一张覆在画心正面护画。接着用洒水壶在画心背面略洒点水，再轻轻卷起，放在一旁，闷润伸展。然后将托纸刷上糨糊，翻起一头2~5厘米，把干纸卷好的一头对齐托纸翻起的一头，两手拿住托纸、干纸用力绷平一掀，借一股风势将干纸衬在托纸下面，弄整对齐。再用一张干纸铺在干净的案台上，画心正面朝下铺上干纸，把托纸糨糊的一面朝下，盖在画心上，用棕帚刷上。刷路要短，动作要快，行刷速度要抢在化色之前，如出现夹皱，行刷时要轻轻掀动，边揭边刷，有利于刷平画面。要使画心更趋平服，也可上壁平挺，即先在画心背面稍洒点水，四边拍一些糨糊上壁贴干。使用覆托的方法，可加倍保护画心，使重彩及墨色不晕染、不走色。

（三）飞托法

飞托法在实际的装裱中使用较少。其操作顺序是先在托纸上刷好糨糊，使画心正面朝上，对正放在刷好糨糊的托纸上，用鸡毛掸子掸平，使画心接触水分，伸展松紧，俗称“伸腰”。然后揭松画心舒气，即用干净刷帚在画心上循序轻轻刷平。刷时注意不要刷出画外，以免把台面糨糊带上画面，碰到画心上有重色，要衬上一张干纸，刷帚刷在衬纸上，以确保画面安全。刷好后在画心正面衬一张干燥洁净的衬纸，一起翻身，趁势把台面擦净，让衬纸及画心正面在下，托纸朝上，用棕刷排刷结实，四周拍糨糊上壁。用飞托法托画心，画心所受水分的程度在湿托法与覆托法之间，如果画面的墨色极不稳定，画心易跑色，不适合采用此法。

（四）托、染材料

托、染料纸是传统书画装裱专业中的重要工序之一。书画由于质地、创作内容、色调、用途各不相同，装裱过程中，装裱师需要根据裱件的整体风格，重新托染纸张与镶料，整体构思裱件的用料。

1.托绫、绢

花绫和耿绢质料性软，不能直接镶画，需要托一层宣纸，增加其厚度和硬度，方可作为镶料使用。托料前需要做好以下准备工作。

其一，方裁并清洁纸张。作为绫、绢的托纸，需要四边整齐，按照方裁画心的方法裁齐纸张。凡整刀宣纸头上，印有红章的叫“红口”，其四边未必齐正，均须按照方裁画心的方法将宣纸切齐，裁去“红口”。另外，手工抄造纸张正反两面含有沙子、草梗、纸屑等些许杂物，使用前需要仔细剔除，保证两面洁净。

其二，宣纸正面朝下，一张张地卷起，卷时避免折角，否则绫面会出现折影，以十张为一卷，卷起上托。然后，把整匹绫、绢按需要长度分段裁好。

其三，根据装潢裱件的尺寸规格，准备只多不少的镶料。剪断耿绢，一定要先量好尺寸，在边口剪上一刀，两手一扯，耿绢即可撕开。如开断绫子，须在量定尺寸边上剪一个V字形口子，抽去纬丝两根，作为记号，顺着记号以便于剪开，而不致花纹斜曲，造成浪费。耿绢没有正反面，花绫要注意正反面，不能反托。料子开好后，正面在外，一块块折起备用。用时正面向下，背面朝上，向案上铺平，可无须再看正反。

其四，托绫绢时的注意事项：托料不能用现调现用的热糨糊，必须待糨糊冷却后，第二天才能使用。托料要用厚糨糊，用木棒挑起调好的糨糊，如缓慢滴下最为合适。若滴下很快，说明太薄，很难黏合，容易脱空。如很难滴下，说明太厚，托出绫绢发硬，不能软熟，应加适量清水调薄。薄糨糊调好后，应备排笔两支，一支作糨排笔，理糨糊用，另外一支是水排笔，上水润化用。

其五，台面干净整洁，切忌脏乱无序。一切准备有序后，需按照以下流程，开展相应工作。

（1）润料

保证纸张大小与台面尺寸相适合。先把料子平铺在台上，绢无正反，托绫要仔细辨别绫的花纹，花明底暗者为正面，花暗底明者反面。认定正反面后，将料子正面朝下，铺在台上，用排笔蘸清水，先刷右端10—15厘米宽的一头，用手从两边撑平撑直经纬丝缕，使绫子的花纹紧贴案头，随即用干毛巾盖在上面吸去一些水分，这个工序叫“做头”。做好一头，拉平全段材料，用同样方法，再做另外一头。最后用排笔蘸清水将全段料子刷透。已“做头”吸干的两头不要再刷清水，润料以料子能借水分润滑推动为止。这个工序叫作“润料”。

（2）撑丝

首先，趁料子湿润，伸直两手手指，一手在上，一手在下，轻轻地撑料子两边，把丝缕花纹撑平、撑直、撑足。撑料是靠食指、中指、无名指三个手指的指纹，从料子两边向外撑出。撑时观察面料是否能借助水分顺利移动，如果水分少，料干色白，纹丝不动，则不能硬撑，要再润些水再撑，才能撑得全部平直。

其次，用两手拉平，用毛巾盖在料子上拍击吸水，吸去料上一些水分，同时要注意料子丝缕，不要因吸水移动，影响经纬平直。

最后，要注意毛巾的干湿。用毛巾吸水的干湿程度，要根据气候而定：气候干燥时，托料时手心拍料有潮湿感就行；气候湿润时，托料时要求干些，要吸到毛巾上绞不出水为止。

（3）上糨糊

撑丝吸水完成以后，用糨刷有次序地把糨糊均匀地刷在料上面。先按顺序从右至左排刷一遍，然后以45度上下斜角方向，先从右至左，再从左至右排刷两遍，最后从右至左上下来回排刷一遍。四遍的排刷，可使糨糊在料子上均匀分布，且厚薄适中。为了使料上的糨糊更细更匀，最后还需用糨排笔拖一遍。

拖排笔，也叫作“光糨”，其使用方法是：先用棕帚从糨排笔上刮掉多余的糨糊，顺齐排笔笔毛，然后用排笔在刷好糨糊的料上，从上至下、由右向左依着顺序拖一遍。拖的时候，拖一下，即把排笔翻面再拖，如此循环直至尾部。这样操作可使笔毛不散开，笔路均匀。经过这道工序，原来糊帚刷的粗纹路就会变细。

上糨糊时的注意事项：看托料上有没有粘笔毛等杂屑，如有则用镊子夹去，用马蹄刀割断料上断丝，修平接头，做到糊面清洁细净，为保证下一步染色均匀创造条件。

（4）上托纸

①上托纸

是指用纸的竖帘纹托上料子，不能将纸横托。如果托纸要接，就在上托纸时随上随接，用糊帚轻轻刷接口，带过一点糨，刷在糨口上，接缝约1厘米宽，糨糊不能过多，接缝不要太宽。接缝要求全段料子宽窄一致，整齐结实。

上托纸时，动作要快，不要搁干了糊性，上纸要准、要稳，不能反复揭搭。宜将事先卷好的纸正面向下，对齐上下两边，一手展纸，一手用棕刷从右上刷起，刷上一头5~10厘米，然后用棕刷上下平刷的方法，自右向左，循序把纸刷牢。

如果出现夹皱，立即揭起重刷。上完托纸后，用棕帚排刷一遍。排实后，如托好绫绢要染色的，一般用晾贴杆晾起候干。为了防止晾贴杆有尘污黄渍会弄脏绫绢料，可在晾贴杆上先卷一层白纸隔开，避免料面与晾贴杆直接接触：若绫、绢已事先染好，就可直接贴板。

②染绫、绢

绫、绢一般是根据画心的色彩来进行配色的。裱新画时，如果画心用色素雅，多配以米色、米黄镶料等；镶裱旧画时，如果画心旧气，要使配色协调为宜。

绫、绢染色时，先在托纸一面用排笔均匀地刷颜色水染色。托纸一面染好后，将绫绢料翻过来，用之前染色的排笔轻轻将之刷平在台上，再染正面。染正面色彩时，排笔要尽量控干水分，以免料子受水过多，影响托纸。刷色时须注意，如反面色彩不够，应多刷几笔，以补不足。然后用棕刷从右至左上下排刷，将气泡排出，再横向左右排刷，使颜色更均匀。排刷完后，将整段料子揭起，晾在案台侧面，绫绢的一面贴着台边，擦净台面。待台面干后，将晾着的料子翻到台子上，绫绢面向下，用糊帚刷平，注意不能刷出夹皱。刷平时可在料子下面搁一支木尺，先刷好一头，然后把木尺随着糊帚行刷进程移动，直到另一头刷平为止。

在刷平料子的四边口拍糨糊，上板贴料，贴板不能有板缝。有缝处干得快，就会出现成条花斑。贴料时先贴顶上头的一边，用刷帚拍牢贴好，再将下半段左边刷牢，右面用刷帚自上而下循序往外撑出刷平。下半段也是先将一边用刷帚拍牢贴好，再将下半段的右边刷牢，右面半段用刷帚撑出去，使全段镶料贴得平直挺括。

③染纸

（请扫描版权页上二维码，观看教学视频）

在书画修复装裱中，古书画的画心托纸、手卷的引首、立轴的诗堂、签条等都需要用到颜色纸。随着科技的发展，现在市场上能够买到许多种颜色的宣纸，但这些纸的颜色大都不适用于古书画的装裱，因此必须根据书画作品的情况加工染制色纸，所以染纸技艺还是需要掌握的。

染纸方法：首先在干净的裱台上，按照宣纸的尺寸，用排笔饱蘸颜色水在裱台上刷出略大于纸张面积的底色；然后将卷好待染的宣纸，正面朝下，贴案铺平，右手持蘸色水的排笔刷色，左手提纸不断向左延展，操作手法同托画心上糨糊行刷一样，色水排笔需要一笔接一笔刷在纸上。注意刷色时要控制排笔含水量，干湿均匀，不宜重叠或漏缝。刷到纸边处，要留3~4厘米的白口，作为贴口之用。

然后再把第二张纸正面朝下，对准后盖在第一张纸上面，用糊帚刷平，不可刷出夹皱，上好后再用排笔蘸少量色水刷色。之后可按需要染色的纸张数，如法炮制，一般染50张。在留出的白口边上间隔一定距离涂四到五点糨糊，贴到晾杆上，再用晾杆顺势揭起湿纸，搁到避风的晾架上待干。如染深色，可按以上方法再加两三遍颜色。具体操作步骤如下（图4-1）。

① 案台上刷色

② 染色完成

③ 加色

④ 染色完成

图 4-1 染纸步骤图

⑤ 上杆

⑥ 晒起

图 4-1 染纸步骤图（续）

4.托料纸

托料纸是将两张单宣合在一起，第一层为面子纸，第二层为底子纸。底子纸要一张张地卷在一起备用，托好的料纸可用作覆背、镶边。

练习托料纸也是裱画的基本功之一。更好的托料纸，才能更好地托起画心。

托料纸的工序如下。

先在台面上平铺一张面子纸，并检查纸张的洁净程度，如有杂质需要提前清除，清除后用排笔刷糨糊。刷糨糊前，先用排笔在稀糨糊内搅动，使稀糨糊保持均匀。排笔上的糨糊含量要适中，开始时排笔所含的糨糊要少一些，第一刷一般从宣纸的中间开始，然后逐步向四周刷。刷糨糊要均匀、刷透，不能有漏刷的地方，也不能有杂物。如有以上情况，应及时补糊或清除异物。

糊刷好后就是上托纸，将提前准备好的底子纸覆合在面子纸的背面。上托纸一般是由右向左进行。操作者左手持卷好的底子纸，右手持棕刷，将底子纸展开大半张。先将宣纸的上边和右边同面子纸相对的两个边对齐对准，不要出现偏差。托纸对准后，右手将托纸的右边着案，左手将托纸轻轻提起，再用棕刷将托纸从右开始依次向左将托纸覆到面子纸上。上纸时棕刷用力一定要轻、要匀，用力过大容易使面子纸上出现棕刷留下的刷痕，影响效果。

托好的料纸有两种晾干方式，如果用来覆背，则用飘干法即可，因为上覆背时还要重新刷糨糊。飘干有两种方法，一种是贴墙飘干，另一种是晾杆飘干。

贴墙飘干，就是在料纸的左侧刷2厘米宽的稠糨糊，然后将料纸提起贴在墙上，只固定上边，其余三边悬空。用这样的方法每隔10厘米左右贴一张料纸，依次向上，一次可以做成若干张料纸。

晾杆飘干，就是用一根晾杆将料纸从中间挑起，放置在晾架上进行飘干，晾架上同时也可以晾多张料纸。

如果是用料纸镶边，则需将托好的料纸上墙挣平。这种方法是将托好的料纸四周都刷上1厘米宽的稠糨糊，并在料纸正侧贴上拇指大小的小纸条，叫“起子口”。

然后将料纸提起贴于墙壁上，并往料纸里吹些气，使其鼓起来。这样做为的是避免料纸中间贴于墙上；再有就是为了检查是否有漏气的地方，因为一旦有漏气的地方，干后的料纸会不平，所以上墙的料纸内部必须是不透气的。上墙后的料纸干后最好等待一段时间再取下备用。

三、镶画、覆画、砑背和装杆

（一）镶画

镶画是指在画心四周镶嵌或者黏结各种宣纸、花绫等装饰材料，分为“正镶”“反镶”两种情况。正镶是指镶料压在画心上面，反镶是指镶料压在画心下面。镶画前需准备好镶料，然后按照先上下后左右的顺序进行，避免镶料顺序不当。正镶、反镶方式的选用取决于画心的内容。常规画心多采用正镶，如果画心题款、印章位置过于边缘，或者画心质地稀疏易散落时，多采用反镶。

（二）覆画

覆画也称为“覆活”，指纸张黏合于画件背面。背纸应选用质地柔软、附着力较强的生宣纸，这样不易起皱。各类装裱样式的覆背程序各有不同，需要具体问题具体分析。常见的覆画方法有干覆法、湿覆法两种。

干覆法与画心干脱法基本类似，适用于颜色较多、容易跑墨或者尺幅较大的书画作品。具体操作方法是：将提前准备好的覆背纸刷上糨糊，然后用干宣纸吸水，吸水后的覆背纸搭在裱件背面。

湿覆法的方法比较常用，覆画大致分为潮湿润开画心、上糨糊、托覆背纸等流程。

（三）砑背

砑背是指用质地细腻、坚硬光滑的鹅卵石在画心或画轴背部进行打磨，既增加画轴覆背纸的牢固度，又增加其光滑程度。砑背的具体操作方法：双手握住石头，平稳地推出去和收回来，循序渐进，速度不宜太快，以每次1厘米左右的宽度，逐步砑平。

（四）装杆

装杆要根据装裱样式进行具体的设计，然后提前准备好材料和工具。立轴、册页、手卷、横披等形制的装杆方式各有不同。

思考题

1. 谈谈制作糨糊的方法与保存技巧。
2. 简述托、染料纸的具体工序，并写出3~5点注意事项。

3. 从中国传统字画修复角度而言，什么情况下，字画类作品装裱修复需要用到“覆托法”？

第三节　书画装裱常见样式操作工序

本节主要讲述传统书画装裱形式镜片、立轴、手卷、册页的操作工序，细节较多，需仔细实操。该部分内容充分考验学生的基本功和前期书画装裱技艺知识的积累，能培养学生的动手操作能力和专业运用能力。

一、镜片

书画装裱的形制不同，有立轴、镜片、手卷及册页等，因而装裱的工序也有所不同，但基本的操作程序是相同的。如果我们要将一幅褶皱不平的书画作品，以彩色绫绢装裱成一幅可供悬挂的立轴，如中堂、对联、挂屏、横披等，装裱的工序十分烦琐，以装裱一件条幅为例，就需要十几道工序。镜片、册页的装裱工序虽少，但也有七八道之多。

装裱一件书画作品，从托心开始至完成，一般要经过托、裁、镶、覆、砑、装杆六道主要工序。掌握这几道工序的基本操作技法，是对装裱人员的基本要求。

倘若要将画件装裱得既平润又板实，既色调雅致又美观大方，而且有益于保存传承，必须具备以下两个条件：其一，材料要好，工具要齐备称手；其二，操作者具有高超的技艺。

如果将一幅画心装裱成普通的镜片，其工序如下：

托心→托料→方裁画心→方裁镶料→镶画→配覆背→覆画→上墙→下墙砑背→方裁

由于幅度、格式不统一，画心可分别装成横片和立片，其形式见第三章第一节所述。

二、立轴

以立轴为例，装裱大致需要19道工序。首先进行托画心，上壁待干后，再下壁方裁，配以宽窄合宜、长短适度的绫边和天地头材料；接着进行镶接工序；然后转边，贴夹口，覆背，再次上壁绷平；下壁后依次砑背，剃边，配杆，装天杆，串系绳带，配地杆，然后安装轴头，待天地杆糨口干后，随即收卷，系绦扎带，装裱完毕。

主要工序如下：

托心→托料→染料→方裁画心→方裁镶料→镶画→转边→贴夹口→配覆背、包首→覆画→上墙→下墙→砑背→剃边→装天杆→串系绳带→封头→装地杆→系扎带

下面具体介绍一色立轴绢料挖镶工序（图4-2）、二色立轴覆背装裱工序（图4-3）。

① 裁切画心

② 方裁镶料

③ 摆放画心

④ 扎眼作记

⑤ 挖裁镶料

⑥ 四边上浆

⑦ 镶嵌画心

⑧ 打通天眼

⑨ 转边划印

⑩ 棕刷转边

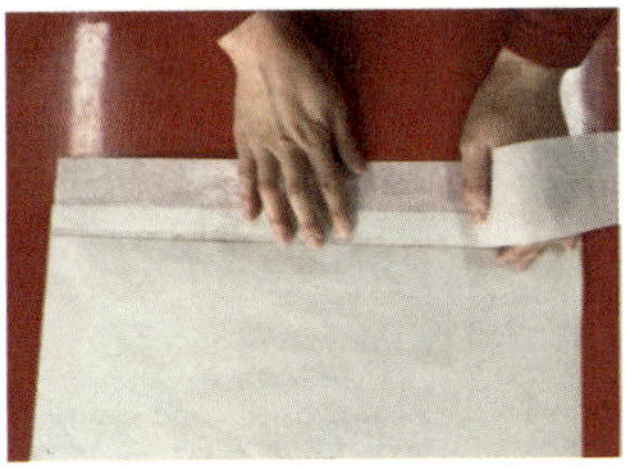

⑪ 贴夹口纸

⑫ 装裱完成

图 4-2　色立轴绢料挖镶工序步骤图

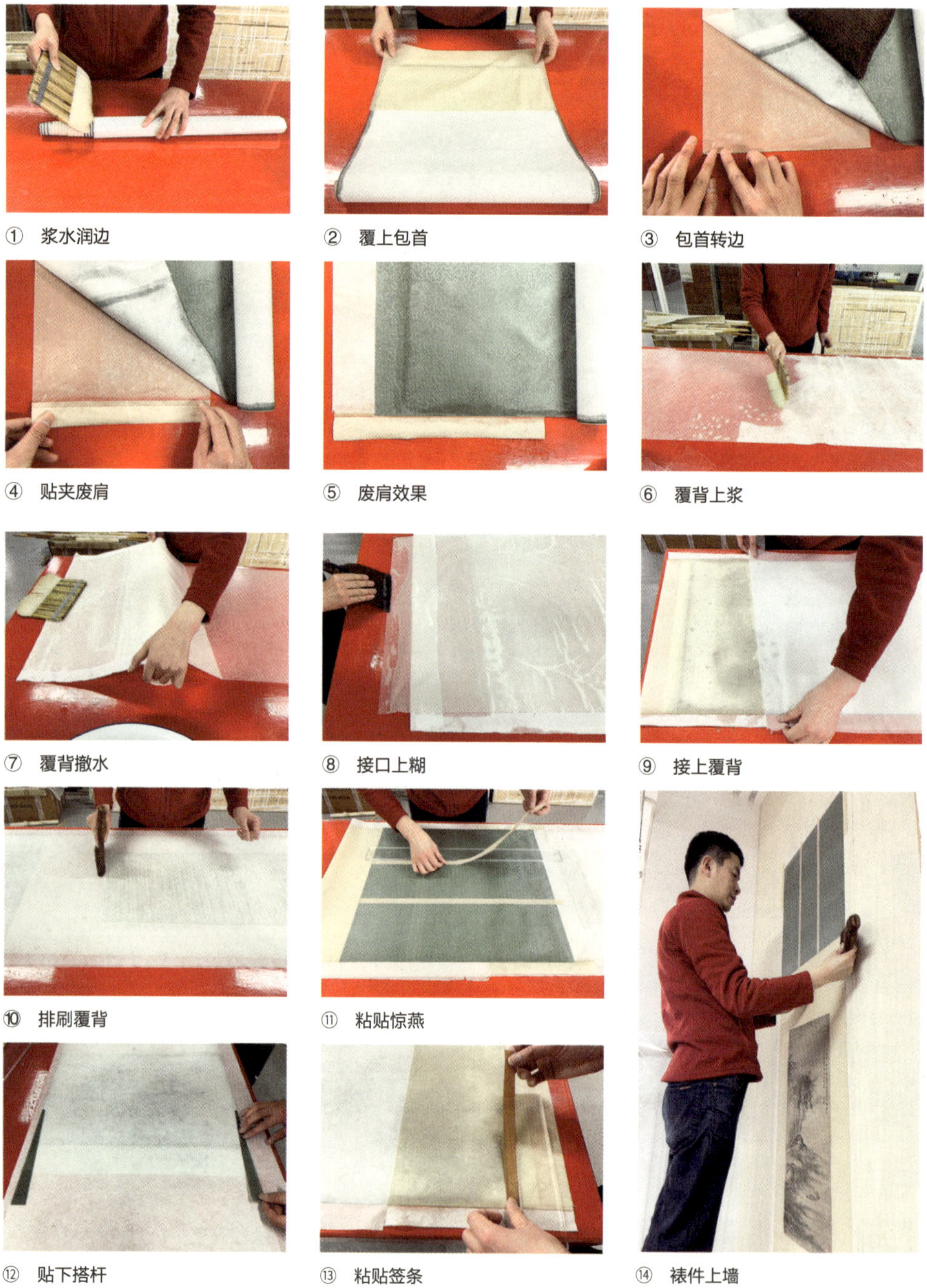

图 4-3　二色立轴覆背装裱工序步骤图

三、手卷

手卷的结构复杂，装裱工序繁复，以装裱撞边手卷为例，就至少有28道工序。首先是托心，要同时将准备使用的绫、绢及尾子用料刷以胶矾水后，上壁挣平。然后按画心幅度和要装裱成的形制，分别方裁好画心、引首、隔水、天头以及各部分材料，从尾至首镶接，连接一体，再镶小边、丝裁撞边，最后镶副隔水和天头。然后在背面稍做打蜡研光，镶接缝处应尽力研平，以便卷收柔软。以上工序做完后，再配覆背和包首，然后覆画上墙。待干后下壁，研背，装轴片与天杆，缝上八宝带和别子，完成撞边手卷装裱。

撞边装裱手卷的工序如下：

托心→托引首、拖尾→托料→染料→上胶矾→裁心→裁引首、拖尾→裁料→裁小边→镶接→裁余边→削边→镶边→丝边→再削边→撞边→托锦→配包首→托覆背→裁覆背→覆画→上墙→下墙→研背→剃边→装轴片→装天杆→缝八宝带、别子

四、册页

装裱册页时，应事先按画心幅度裁好所需绫、绢或纸等镶料，继之挖裁或用针锥打孔裁好。五镶的裱料，还应备好投册页用的“墩子”，即册页的覆背。备出墩子，托好画心，并将裱料挖裁好之后，再进行“镶投”，待册页在壁上挣平晾干后，下墙推研、折页、裁切，连接后压平。如果册页需包边，包上边后再连接压平，做好“面子”，贴上题签之后，可将面子与册页粘在一起。

以挖嵌工艺的册页为例，其工序如下：

托心→托开身→方裁开身→挖裁→备墩子→镶投→上墙→下墙→研→折页→裁边→粘页→整切→配面→托锦→包锦→贴签

蝴蝶式册页和推篷式册页只是翻阅形式有别，操作规程基本相同。

思考题

1. 简述书画装裱样式手卷的分类及其装裱工序。
2. 根据本章内容，请简要分析中国书画装潢大致分为几种装池样式。

拓展阅读

[1]《中国书画装裱大全》，杨正旗，山东美术出版社，1997
[2]《书画装潢学》，杜子熊，上海书画出版社，1986
[3]《中国书画装裱款式百例》，杨正旗，山东美术出版社，2005
[4]《王氏装裱技艺》，王旭，北京美术摄影出版社，2018
[5]《锦上添花：中国书画装裱实验教学》，唐鸣岳，人民美术出版社，2020

第五章
书画现状调查与档案记录

让我们设想一下这样的场景：病人到医院看病时会向医生主述基本症状，医生依据情况开检测单，病人到相应的检测室做检测；病人拿着检测单给医生，医生参考检测单评估病人病情，给予治疗方案；病人接受药物或手术治疗，病情好转或康复；病人适时疗养、定期检查。这一系列的流程，医生均将事实记录在案，即形成病历档案，档案可以是《门急诊就医记录册》这类纸质档案的形式，也可以是存储在医院档案系统中的电子病历的形式。由于电脑和互联网的普及，病人再次到原来医院就医时，医生能便捷地调取该病人历次门诊和住院手术情况，快速了解病人病情，这能为诊断治疗提供极大的帮助。

古旧书画被修复的流程与上述“病人就医”的流程极其相似，书画在被修复前，修复师只有对其进行全面的检查，方能对症下药。凡是围绕书画“就医”所开展的调查活动、评估活动、方案制定、修复过程、后续观察等，均需被如实地记录下来。

第一节　现状调查

现状调查工作主要是采集书画的基本信息、制作工艺信息、保存现状信息等内容。

基本信息包含名称、所有者／收藏单位、馆藏编号／总登记号、来源、年代、作者、材质、类别、级别、尺寸，共10项。

制作工艺信息包含题材、形制、风格、画面及装裱工艺信息。其中，画面信息是调查画面是否有符号、文字、印章等信息以及这些元素所用的材料成分如何等。装裱工艺信息需要调查各类装裱材料是否存在，分别是何种材质，装裱的结构层次等。

保存现状信息包含修复历史信息、保存环境信息、损坏情况。其中，损坏情况需要明确病害的类型、分布、数量、面积、程度、原因、性质等。

要采集以上这些信息，修复师可以重点参考《WW/T 0017–2013 馆藏文物登录规范》《WW/T 0020–2008文物藏品档案规范》《WW/T 0026–2010 馆藏纸质文物病害分类与图示》及其他文物类型的“可移动文物病害评估技术规程”行业标准。采取文献调查、直接观察、拍照、仪器检测、试验研究等手段完成这项工作，修复师要能够利用文字、照片、图纸的方式记录整个调查过程和结果。同时，需要将目视检查、摄影、仪器分析等手段得出的结论可视化，也就是需要绘制出修复前的结构层次示意图与病害图，并得出有关损坏情况的结论，即需要有病害性质和总体受损状态的评估，病害现状整体评估一般按基本完好、微损、中度、重度、濒危五级划分。如有必要，修复师可以协同科技人员一同开展工作。

修复师需要经过专业的学习和训练，在博物馆学概论课程学习中可以了解藏品登录的基本规范，从而完成现状调查中“基本信息”的调查。在材料的技法与技术、修复基础等系列课程学习中，对装裱工艺能有较深刻的认识，能初步完成现状调查中“工艺信息”的调查，同时对书画作品的价值能有较深的认识。在文物检测与分析等科技课程学习中，能补充完成现状调查中“制作工艺信息”“保存现状信息”“材料的理化性能信息”的调查，从材料物质的层面进一步认识该书画作品。本章节重点是使读者能对病害类型、如何表现病害、需要做哪些分析检测有一定的了解。

一、书画的病害类型

为了准确地描述、记录书画的病害情况，修复师必须熟悉病害类型及其相关术语，并在日常的修复实验中多积累相关病害案例，以便采取简单的目视观察，初步判断存在的病害情况，做出后期拍摄记录、相关检测分析的计划和准备。因此，本章节重点参考了《WW/T 0026-2010 馆藏纸质文物病害分类与图示》，同时结合教学案例，列举了书画常见病害类型（见表5-1）。表5-1将各种典型的病害以结果为导向进行了分类，此分类法不过多探讨其病害产生的原因，以便检查者在没有特殊设备的条件下，仅凭目视便可做出大致的判断。当然，病害性质评估和病害情况的最终确认需要更多的科学研究。

表 5-1：书画常见病害类型一览表

病害类型	名词解释	图例
水渍	纸张受水浸润而留下的痕迹，一般是水痕	
污渍	纸张因茶水、泥浆、油污等造成的与水渍区分明显的渍迹	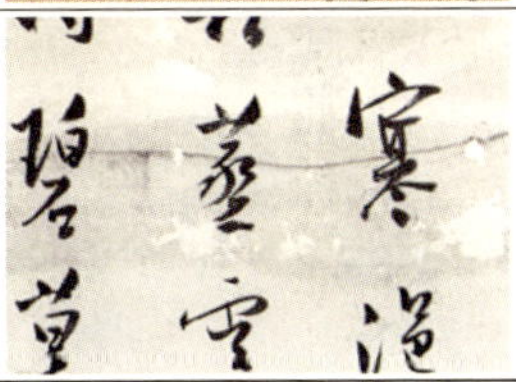

表 5-1：书画常见病害类型一览表（续）

病害类型	名词解释	图例
霉斑 / 微生物损害	微生物的滋生对纸张造成的损害，因霉菌种类的不同会有多种颜色	
变色	纸张因物理、化学或生物等原因导致化学结构发生变化，纸张颜色发生变化，如变黄、发灰、颜色不均	
残缺	由于使用或保管不当等，纸张出现缺失，无法保持其完整	
破洞	纸张残缺形状为封闭型，可能是外力破坏造成的破洞，也可能是动物撕咬造成的缺失	
虫洞 / 动物损害	昆虫、鼠类等动物活动对纸张造成的污染或损害	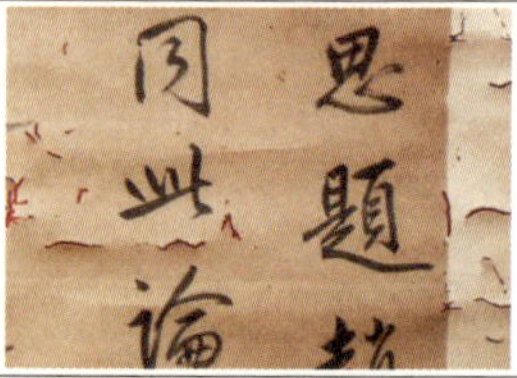
断裂	纸张从一个整体断为两个甚至多个部分	
裂口	因撕裂造成纸张从边缘裂开的长度较短的局部断裂现象	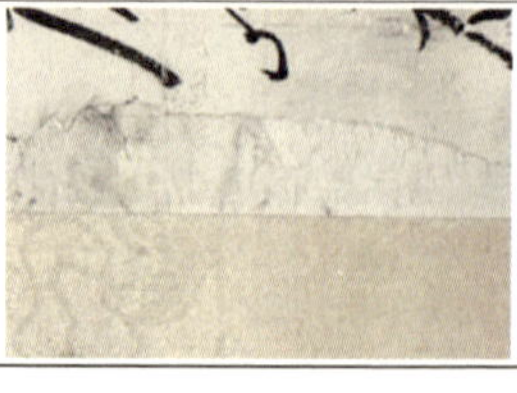

表 5-1：书画常见病害类型一览表（续）

病害类型	名词解释	图例
折痕	纸张由于折叠或挤压而产生的痕迹，纤维有断裂的迹象	
皱褶	纸张受各种因素作用在表面形成的凹凸皱纹	
糟朽	纸张因化学结构发生严重降解，导致结构疏松，力学强度大幅降低，纸张逐渐腐烂，呈片渣状，产生脆化腐朽现象	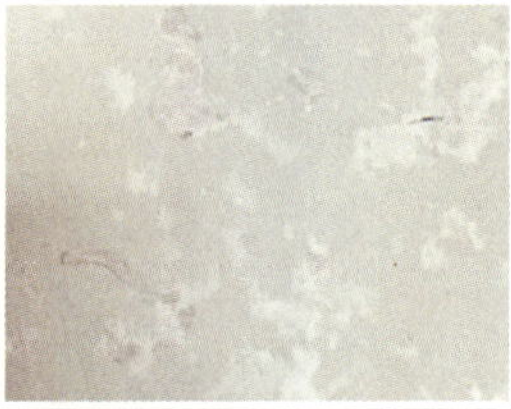
脆化	纸张因酸化等原因，造成结构酥脆，易断裂，易粉碎	
空壳	画心与命纸局部脱糨，造成两种材质之间脱离， 形成空壳	
褪色	物理、化学及生物等因素的作用，导致字迹或颜料色度降低或改变	

表 5-1：书画常见病害类型一览表（续）

病害类型	名词解释	图例
返铅	含铅的白色色料因理化作用由白色变成黑灰色	
脱落	色料与纸张载体发生脱离的现象	
字迹模糊	肉眼观察到的字迹不清晰	
字迹残缺	因磨损等原因，字迹出现缺失，无法保持其完整	
画意缺损	因纸张残缺，部分绘画消失不见	

在明确了书画的病害类型之后，可以使用适当的图示符号将病害类型研究结果呈现在图纸上，这样可以使病害可视化，完成病害分布情况的表达。这项工作需要借助绘制软件来完成，许多绘制软件还能完成对病害的数量和面积等的研究，为病害程度和性质的判断提供数据化依据。

由于目前没有书画病害与图示标准，因此本教材参考了各单位制订的书画文物病害图示、相关书画病害术语和教学积累，借鉴了《WW/T 0026–2010馆藏纸质文物病害分类与图示》《DA/T 61–2017 明清纸质档案病害分类与图示》行业标准的病害图示符号规定，以期为书画的病害可视化提供能够进行绘制的常用病害图示符号（图5–1、图5–2）。

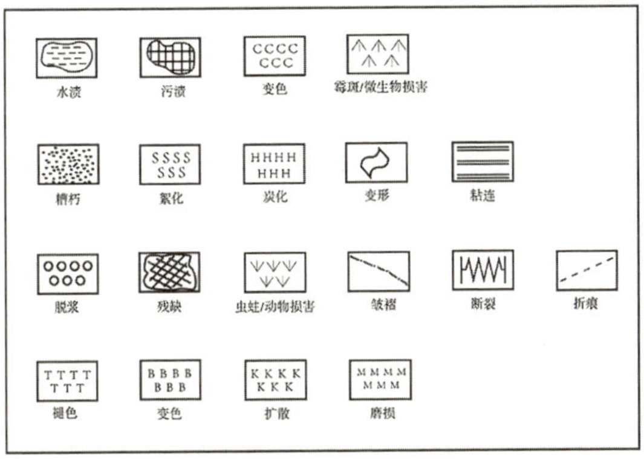

图 5-1　书画病害图示符号

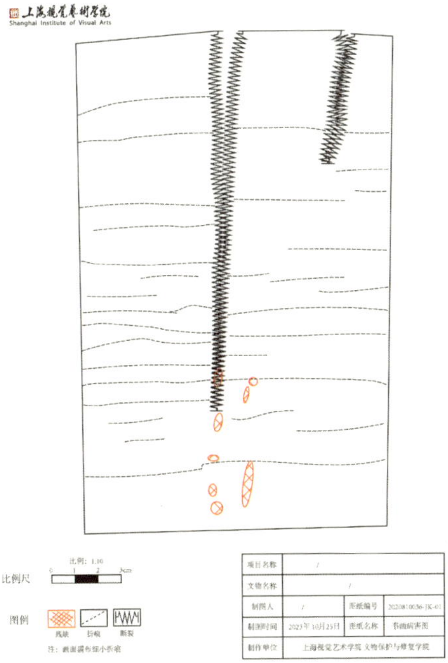

图 5-2　书画病害图示例

在实际绘制工作中，除了依据借鉴的行业标准的图示符号绘制要求进行规范画图外，修复师也要根据病害数量、符号重叠程度、符号辨识度进行适当的调整，如将纸张和色料分层绘制各自的病害，分图纸展示，还可以对位置重叠的不同病害的相似符号使用一定颜色进行区分，如为符号添加红、黄、绿等颜色。这样不仅使不同病害有所区分，还可以通过颜色去呈现病害的严重程度。

二、分析检测

为了能顺利完成现状调查，修复师还需要了解书画常用的分析检测手段。一般在进行初步的检查后，修复师要进一步了解工艺、材料成分、理化性能，明确病害的类型、分布、数量、面积、程度、原因、性质等，这些都需要做相应的分析检测。下表所列为书画最常用的分析检测方法（见表5-2），修复师可作参考并做出分析检测的计划。值得注意的是，修复师在做检测计划时要注意是否有仪器能开展此项检测，该件书画作品是否能异地检测或取样检测，以及检测方法的前后顺序问题。这些问题的答案取决于修复师对分析检测这项工作了解的程度，建议学习相关的科技课程，了解检测仪器的原理，学会样品的选取和制备，掌握一定的仪器操作技能和基本的数据解读能力。

表 5-2：书画常用分析检测手段一览表

检测内容	检测方法	检测设备（举例）	检测样品说明
纤维材质	直接观察、显微分析	智能纤维仪	原作□ 取样■ 样品量：几根纤维
纸张工艺（帘纹、施胶、加填、涂布、染色等）	直接观察、显微分析、成分分析	超景深三维视频显微镜、X 荧光光谱仪等	原作■ 取样□ 如只有残样影响形貌分析，成分分析需样品量不小于 2 毫米 ×2 毫米
纸张厚度	测厚规	数显测厚规	原作■ 取样□ 如只有残样影响结果分析，单一厚度需样品量不小于 Φ1 厘米
纸张色度	测色仪	色差仪	原作■ 取样□ 如只有残样影响结果分析，单一色度需样品量不小于 Φ1 厘米
纸张光泽度	光泽度仪	外观评估仪	原作■ 取样□ 如只有残样影响结果分析，单一光泽度需样品量不小于 5 厘米 ×2 厘米
纸张 pH 值	酸碱测试	精密数显 pH 计 + 平面电极	原作■ 取样□ 如只有残样影响结果分析，单一 pH 值需样品量不小于 Φ2 厘米
色料与纸张结合状态	直接观察、显微分析	手持式显微镜、超景深三维视频显微镜	原作■ 取样□ 如只有残样影响结果分析，样品必须是含色料的纸张，且样品量不小于 Φ1 厘米
色料物质组成	成分分析	X 荧光光谱仪、显微红外光谱仪等	原作■ 取样□ 如只有残样影响结果分析，单一色料的测量需含色料纸样，样品量不小于 Φ2 毫米，无须单独取色料样

表 5-2：书画常用分析检测手段一览表（续）

检测内容	检测方法	检测设备（举例）	检测样品说明
色料对水的反应	点测试	/	原作■ 取样□ 如只有残样影响结果分析，单一色料的测量需含色料纸样，样品量不小于 2 厘米 ×2 厘米，无须单独取色料样
色料、纸张对化学试剂的反应	点测试	/	原作■ 取样□ 如只有残样影响结果分析，单一色料的测量需含色料纸样，纸样的样品量均不小于 2 厘米 ×2 厘米，无须单独取色料样
污渍物质组成	成分结构分析	X 荧光光谱仪、红外光谱仪、拉曼光谱仪等	原作■ 取样■ 视情况选择分析仪器，注意仪器所需的样品量。
病害形貌与分布	直接观察、摄影与光谱影像、显微分析	文物保护摄影装备、各式显微镜	原作■ 取样■

思考题

1. 现状调查要调查哪些内容？

第二节　档案记录

2021年颁布的《文物修复师国家职业技能标准》明确提出修复师需要具备档案记录的能力。修复师需要明白在开展文物修复工作时需要记录什么，并在档案与相关专业能力类课程中学习怎么留存规范的照片、绘图、文档等修复信息。本章节参考《WW/T 0025-2010馆藏纸质文物保护修复方案编写规范》《WW/T 0027-2010馆藏纸质文物保护修复档案记录规范》行业标准的要求，简要介绍从事书画修复工作需要记录的内容，以便修复师在从事修复工作时能时刻注意档案资料的积累。

一、编写修复方案

开展现状调查会形成状况检查报告，这份资料是制定修复计划的重要依据，需要编制进方案中。当然，修复师制定计划时不仅要了解清楚书画的现状，还要依据修复原则筛选合适的修复技术及材料。

修复师需要有足够的理论修养，对现今的修复理念有所了解，能够开展一些修复材料、工艺和流程等前期实验研究工作，为修复提供更为科学的数据支撑。以下为书画修复中常涉及的材料研究（见表5-3）。建议修复师有针对性地在材料科技类课程中重点学习，了解基本的实验逻辑，掌握常用性能研究仪器的操作，学会设计老化实验。

表 5-3：修复材料研究

研究项目	研究内容
清洗剂的选择	各种水的选择、化学试剂去污除酸等试验
命纸的选择	纹路、厚度、材质、染色及耐老化性能研究
补纸或补绢的选择	纹路、厚度、材质、染色及耐老化性能研究
糨糊的选择	糨糊与水的配比，与豆浆水及其他新兴胶黏剂的对比
全色材料的选择	矿物颜料、植物颜料的制备、成分及耐老化性能研究
胶黏剂的选择	动、植物胶等制备和选择，胶矾水的配比
镶料的选择	纹路、厚度、材质、染色及耐老化性能研究

在完成书画的现状调查和修复技法及材料的研究后，修复师可以制定修复目标，明确每种病害的工作目标，以及最后的装裱形式。为达到相应的修复目标，需要制定修复技术路线，同时细化路线中的具体步骤，即对某一步骤的技法进行文字描述，列出该步骤所用的材料工具名称，阐述该步骤的作用或要求。

在制定方案的过程，修复师可能还需要关注其他内容，比如工作量及进度安排、经费预算、风险分析及评估、安全措施等。按时间节点开展工作，有相应的经费支持，考虑了风险和配备了相应措施，工作才能正常运转。

修复方案应能帮助读者更好地理解这项修复工作，这就要求方案需要记录保护修复的任务来源、立项过程、任务要求、目的和意义等，这些内容形成前言，起到铺垫和引导的作用。

修复方案在修复工作中起到指导，组织作用，有助于风险管理、沟通和评估。它是解决问题和实现目标的重要工具，如此重要的一份资料，就要求参与制定方案的人员和单位有相应的能力和资质。因此，人员的相关信息也需要记录在方案中。

综上所述，修复方案的内容一般包括前言、基本信息与价值评估、保存现状的调查与评估、工作目标、技术路线、步骤与要求、工作量与进度安排、经费预算与管理、风险分析及评估、安全措施、相关人员、单位信息。这份方案由各方单位和人员签字盖章，可转化为档案，补充到文物藏品档案中。

二、编写修复报告

修复方案制定完成后，修复师方可依据方案开展修复工作。每一幅书画都有自己个性化的修复装裱过程，将该过程详细记录下来的资料称为“修复日记”。修复师按实际情况每日填写文物名称、修复人员、日期和修复过程，包括材料、操作步骤、操作条件以及相关影像资料。为了展示书画在修复完成后与修复前的区别，需要拍摄修复前后的作品对比照片，记录修复后现状。

书画修复完成后，修复师需要将各项工作所记录下来的各类资料进行整理归纳，并给予科学的后续保存建议。这份报告若经过评审，则将评审意见记录下来，即为“自评估与验收表”。

由此，修复报告的内容包括现状调查中的基本信息、工艺信息、保存现状信息，为研究而开展的分析检测信息，修复过程信息，修复后的状况信息，验收信息。与修复方案一样，报告由各方单位和人员签字盖章，可以转化为档案，归到文物藏品档案中。

尽管行业规范要求为每一份修复作品做出尽可能详细科学的记录，为后续研究留下宝贵的档案，但在实践过程中，修复师需要根据修复作品的级别，按实际情况科学地开展工作，合理选择记录的信息。

在修复工作中，无论作品的级别高低或修复的目的如何，对修复工作进行档案记录都必不可少。这些档案对后续修复工作的开展和参考至关重要，既有利于将来的维护和研究，又有助于确保修复工作的质量和持久性。

思考题

1. 修复方案和修复报告要记录的内容有何异同？

拓展阅读

[1]《WW/T 0026–2010 馆藏纸质文物病害分类与图示》

[2]《DA/T 61–2017 明清纸质档案病害分类与图示》

[3]《WW/T 0059–2014 可移动文物病害评估技术规程 丝织品类文物》

[4]《WW/T 0025–2010 馆藏纸质文物保护修复方案编写规范》

[5]《WW/T 0027–2010 馆藏纸质文物保护修复档案记录规范》

[6]《古代纸质文物科学检测技术综述》，阎春生、黄晨、韩松涛等，《中国光学》，2020

第六章

古书画修复技艺与养护

历来古书画作品在保存与收藏的过程中都会经历人为或外界因素的影响，从而出现断裂、污渍、虫蛀、霉变等病害。梳理前辈们修复书画时的文献资料可知前人长期积累的实践经验，即清洗、揭裱、补洞、托画心、全色、接笔等五个主要修复环节。

第一节　清洗

（请扫描版权页上的二维码，观看教学视频）

古书画作品历经岁月变迁，可能流转至不同地区、收藏者手中，收藏者会采用不同的方式，尽量避免书画作品受到损伤，减少病害的产生。保存较好者，画心洁净完好，稍有灰尘、干霉等瑕疵；保存不善者，可能会出现大面积的各类霉变、虫屎污渍等现象。对待前者，可用鸡毛掸子轻拂表面灰尘，或用小排笔局部清洗；而后者则可用裁刀刮剔画心上的虫屎、蝇粪等固化污渍，当然有画意等重要位置要慎用此法。霉变、污渍处要根据不同的情况进行清洗、去除。更有甚者，需根据不同情况，分别对待，可按需采用化学试剂进行漂洗去除霉污，但必须非常小心，多做试验，证明无害后方可使用。绢本字画去除污渍，可用面团粘除法操作，具体方式为：将精制面粉和温水（4:1）和成面团，然后盖上保鲜膜静置30分钟左右，揉捏成直径为3—5厘米的若干圆条，将面团轻轻按压在画面上来回滚动，粘除灰尘、污渍。

书画清洗是指将书画文物的污斑去除。要针对书画文物的不同污损情况选择相应的清洗方法，即通过清洗温度、次数来控制清洗的过程，通常而言，清洗后能达到相对明净即可，不可追求过度洁净。如书画修复作品存在大面积污渍，需大面积清洗，可选用淋洗法、负压和超声波清洗法、竹帘清洗法、虹吸清洗法等。以上方法除淋洗法外，其他清洗方法均为现代清洗技术。

清洗过程中，要选择优质水源、洁净纸张（不含化学物质残留）。清洗步骤包括表面清理、清洗前处理、整体清洗和局部污渍清洗，有时需要根据书画污渍的具体情况选择一种或多种方法进行组合清洗。清洗前，需要根据书画修复作品的实际情况进行相应准备工作，比如镶料加固处理、墨色颜料固色及残破画心整理等。

常见的淋洗字画方式有以下七种。

一、水烫黄渍

有些历经岁月沉淀，画心着色牢固、无霉点、无破损的作品，仅仅因自然因素而有灰黄污渍。这类作品揭裱前，可采用开水、温水、清水多次淋洗的方式以清除污渍。具体操作方法如下。其一，画心放在案台上，用排笔蘸取清水在画幅反面潮润后，从一侧卷起来，湿润潮闷一刻钟。其二，将潮润的画心放在洗画池，用开水淋洗，污迹严重处多淋洗几遍，然后用清水缓缓淋洗画心，直至洗出的水色变清。其三，清洗干净，用毛巾吸干水分后，将画心朝下反铺在案台上，然后揭除旧裱。注意，如果画心破损较严重，可用洁净毛巾覆盖在画心上，在毛巾上慢慢淋水，使得黄色的污水缓缓流出，直至不再流出黄色污水为止。

在清洗画心时，为了能够更好地保护画心，也可采取一定的措施。如清洗之前，在画心正面放上白油光纸（油光纸毛面接触画心正面即可），起到保护画心的作用。如有条件，最好衬上白绢，绢本入水透明且不易移动，能起到更好的保护作用，在此基础上进行清洗工作，较为稳妥。

二、漂白粉漂洗

漂白粉是氢氧化钙、氯化钙、次氯酸钙的混合物，呈白色、灰白色粉末或颗粒状。漂白粉溶解于水，其水溶液可用于纸浆纱布消毒、漂白。清洗画心时，适当添加漂白粉可使得画心洁白明净，但不利之处是用漂白粉清洗画心会有损纸张纤维，使之不易长期保存。绢本画心经漂洗，也不利于长久收藏。另外，使用漂白粉漂洗画心，需要经验丰富的修复师进行操作，否则一不小心，有可能会使画心上鲜艳的色彩褪色、发白，失去意韵。

漂白粉清洗画心流程如下。其一，溶解漂白粉，一盆清水加入2%的漂白粉末，充分搅动溶解即可。其二，将画心放置于洗画池中，然后用排笔蘸开水淋洗画心，画心完全潮润展开后，用毛巾吸去多余水分，并使画心平整，用小号排笔蘸取漂白粉清洗画心上有污渍的地方，注意避开有鲜艳色彩的区域。其三，整个画心清洗过后，可仔细检查一下画面中是否有未清洗到的地方，如有，可用毛笔蘸取漂粉水再次清洗。如果整个画心清洗较好，深浅一致，再用清水淋洗画面，淋洗4—5次较好，直至画面洁净且漂白粉气味消失。

倘若画心中含有石青、石绿等易掉色的色彩，或是朱砂、白粉等粉质重彩背染反托的画心，切记不可触碰漂白粉水，否则容易掉色、失神。遇到此类作品，应事先在色彩、印章处用骨胶水（骨胶水清淡为宜，浓重会使鲜明的颜色变黑，日久会干裂）固色晾干，然后再衬垫连史纸，接下来用网网绢（稀疏的绢的俗称）衬好画面，再进行漂洗。

三、其他化学药品洗涤

古书画因年代久远，会出现黑黄霉变、脆裂开脱的现象，这是因为霉菌在空气的作用下，在画面上形成黄、绿、褐、黑等不同颜色的霉斑。这些病害会影响画面的整体观感，妨碍作品神韵的传达。出现此类现象时，可用适量的化学药品进行洗涤，化学药品在使用时需得当，否则画面变质、受损，不易长期保存。

化学药品洗涤方法如下。其一，先将带有霉斑的字画作品放在通风处晾晒，同时用鸡毛掸子清扫表面灰尘，然后用90摄氏度的热水烫去黄渍。其二，根据霉斑的面积，选用适当工具蘸取3%浓度高锰酸钾稀释溶液，涂抹至画面的霉斑处，霉变泛黄较淡的地方轻轻刷过。静待10分钟后，高锰酸钾由红色变成茶色，再用另一支毛笔或小排笔蘸取3%浓度草酸稀释溶液涂在高锰酸钾处，使得两者中和。

草酸和高锰酸钾相遇，霉斑可随即去除，若霉斑未去除，可按上述方法再操作一次。注意使用化学药品洗涤，一定要保证花青、洋红、胭脂、石青、石绿等颜色和印章色避开化学药品，保障其不褪色、不氧化。

注意使用化学药品时，需根据画面画意和画面病害严重程度来决定其浓度，一般多在画面空白处使用浓度为3%的药水，切不可随意使用，谨慎保护画面。

四、去除霉点

书画作品会因自然环境的影响而发生霉变，经验丰富的藏家会在天气晴朗、阳光明媚的时候，将藏品悬挂展示三五天，以防霉防虫。通常情况下，古字画作品会出现“干霉”和“绿、黄、红、黑霉”两种情况（图6–1）。

图 6–1　黑霉去除

“干霉”又称“白霉（花）”，因书画作品长期接触空气、受潮受闷而产生，宜在揭背和揭托之前清除，或在揭除覆背纸后进行清洗。“干霉”的清洗方法是将要修复的字画画心朝上，平铺于案台上，用鸡毛掸子清扫表面的浮灰和霉斑，随后用排笔蘸取热水轻轻淋洗整个画心，再用毛巾吸干水分。根据画心实际情况，反复冲洗3次，最后把毛巾卷成卷子，放在画面上轻轻推动，使得画心中的黄霉污渍水流出来，直至水色清亮即可。

“绿、黄、红、黑霉”大多是由于空气潮湿、不通风、受闷太久而形成的。清洗之前用小排笔轻轻去除霉斑的表层，然后再用热水淋洗。倘若霉斑不易去除，可使用高锰酸钾、草酸清洗中和法，适当清洗即可。此法可轻松去除绿、黄霉。红霉、黑霉较难去除，在用完高锰酸钾、草酸后，若红霉仍有残留，可用3%浓度的漂白粉溶液在严重处，适当蘸点，让漂白粉充分发挥漂白作用，三五分钟后用清水清洗，即使没有达到洁净如新的程度，也不会残留明显的霉变病害。黑霉在用完高锰酸钾、草酸后，可用3%浓度的过氧化氢在严重处点蘸，只要三五秒钟，黑霉即消失。

化学药品清洗书画存在一定风险，非经验丰富者慎用。如作品上有洋红、胭脂、石青、石绿等颜色，尤需谨慎行事，这些颜色千万不可与药品接触，否则褪色无法避免。

五、清除油污

去除油污要谨慎。一般来说，在书画作品的油污处敷上吸水纸，然后用电熨斗轻轻熨烫几遍，便可去除油污。

另一种去除油污的方法：将画心平铺于案台之上，无须润湿，用棉签蘸取3:1的丙酮和乙醚混合剂轻涂在油污处数次，静置5—8分钟，油污自然松动，再用开水淋洗三四遍即可。丙酮和乙醚有毒、易挥发且腐蚀性强，操作时一定要注意通风，不可大意。

六、处理返铅

工笔人物、花卉作品常出现返铅发黑现象（图6-2）。铅白中的碱式碳酸铅长期置于自然环境中，遇到空气中的硫化物后会产生化学反应，生成黑色硫化铅。处理返铅常用方法：用5%浓度的双氧水溶液涂抹在返铅处，反复涂抹数次，直到复原为止。注意涂抹时千万不能涂抹在返铅外的区域。

七、保护金银重彩

书画创作所用的金笺、银笺，如需清洗，固色最为重要。首先，在将作品润湿之前，用调试好浓度的骨胶水固色，防止金银色脱落，以在纸面上建立保护层，将金银色固定于纸上。待胶水干后，再在正面衬上水油纸，同时在背面潮水揭背，才能保护金银笺和金银用色。

若绢、纸本画心含有石青、石绿、朱砂、白粉等粉质或易脱颜色，清洗前先上一两遍浓度适宜的骨胶水，等晾干后再衬上一层连史纸，并用网网绢或纱布衬好，然后淋洗，可避免褪色。

总之，清洗书画作品，无论是采用烫、冲、淋、浸哪种方法，都要随时掌握作品的气色，切不可过度清洗而损伤画面。清洗过程中，要随时翻看画面，掌握画面的基本情况，这些是考量修复人员技术水平的关键所在。

图 6-2　返铅病害图

思考题

1. 请简述清洗技术对古书画的影响，并具体分析如何使用清洗技术。
2. 谈一谈古书画作品为何会出现返铅发黑现象，以及如何进行防治与保护。

第二节　揭裱

（请扫描版权页上的二维码，观看教学视频）

“揭”是指揭除画心的背纸与托纸，即前一次装裱中所使用的保护和支撑的材料，也是补全画心前的必备工序。其实质是前一次装裱的逆向操作，是重新装裱非常关键的步骤，事关书画作品可否妥善保存的问题。本节主要介绍揭裱前、揭裱中需要注意的事项，以及绢本揭裱的方法。

一、揭裱前

画心揭裱前，要考虑在尽量不损伤画心本体、不影响画意的情况下，将托纸完全揭掉；绢本画托纸若带有画意，可考虑保留托纸。揭裱前的操作方法如下。

第一，要考虑方裁画心，遇到骑缝章或落款、题字等靠边的情况，不可随意裁切，此类情况可保留到托裱全色时用边圈凑齐，全色补救。

第二，破裂严重的画心，需要先洒水或排笔潮润，静待润闷逐步打开，随后将碎托的画心背面用毛笔或镊子拼回原处，背后可用两层宣纸托裱加固，平铺于案台上，待晾干后再在背面均匀洒水，使其伸展后，上墙贴平，干后再启下方裁。

第三，如遇到圆形、扇形画心，要依据画心的弧线剪去旧裱，保证画面完整无缺。

第四，修复作品画面有石青、石绿、曙红等颜色，揭裱前要用骨胶水固色，揭裱时要谨慎。

二、揭裱中

古画纸本作品揭裱难度大于绢本作品。古书画用糊厚重，如糨糊中添加白及水托裱的作品，揭裱难度更大，稍有不慎就会损伤画心、毁其神韵，造成厚薄不均、满幅斑驳的后果，即使托裱完成也会留下不均匀的斑斑点点。因此，揭裱是需要一定技巧的。

古书画画心纸有两种情况。一种是原托纸紧实无破损，颜色完好，此类情况无须揭去原托纸，只要揭开覆背纸即可，无须去除命纸。另一种情况是画心背后，命纸、覆背纸皆需清除。无论哪种揭裱方式，都需要根据画心具体情况来选择揭裱方法。

常见揭裱方法：初步判定画心的破损情况，如果破损严重，需要在案台上平铺一块网网绢，现在也常用化纤纸，再将湿润展开的古画心平放在台面上，这样在揭裱时可保护画心（图6–3）；揭裱时要分析纸张层次、用糊厚薄、画面内容等具体情况，从边缘处尝试着开始揭裱，用中指不断“兜圈子”，边捻，边揉，边搓，边揭，避免揭到画心肌体（称“画肉”）。

三、绢本画心加护

绢本揭裱前，需要加护水油纸，保证绢本固定、透亮。先在水油纸上刷满厚薄一致的糨糊，贴在绢本旧画的正面。等揭去旧托纸，换上新托纸后，再把水油纸去掉。

加护水油纸时，糨糊的厚薄主要依据画心吸水程度和绢料厚薄而定。画心正面贴好水油纸后，将画心反面朝上，即可开始细心揭裱。

图 6-3　揭裱过程

四、揭裱注意事项

纸本画心揭裱要注意以下几点。其一，揭背纸时，勿带起托纸；揭托纸时，勿带起画心。其二，揭画时力度要适中，切忌损伤画心。揭取工作要循序渐进，分层揭取。其三，在揭取中如发现揭时带起或揭到原画心纸时，应立即停止揭取，同时用毛笔蘸薄糨糊刷在损伤处，并将损伤处按部位复原；再次揭取时要改换方向。其四，一次性未揭完的，在画的背面覆盖湿毛巾或高丽纸等保湿。气温高时，应控制水分，严防发霉。其五，“还旧”揭取，边料、隔水等镶料也应做好正面加固措施，再揭去背纸和托纸。

绢本画心需注意：其一，揭取时力度适当，勿伤及绢丝。其二，画心背后若有衬染颜色，应从空白处向里揭，避免颜色污染画心。

思考题

1. 简要分析揭裱的具体方法，并谈一谈揭裱的具体注意事项。

2. 根据书画修复专业知识说说，为什么揭裱是修复过程中至关重要的步骤之一。

第三节　修补破损

古书画的修补重装，尤其考验修复师对材料（纸张、绢料、锦料等）特性的了解和把握，同时，在艺术审美、修复技艺等方面也对修复师有一定的要求。行业中有“三相近”的俗语，即纸绢类型相近，自然光线下裱件材料颜色深浅相近，光泽度相近。对书画装裱材料的掌握应靠日常生活中的积累，珍稀纸片、绢本材料要珍藏好，妥善保存，可对收藏的材料加上备注说明，以便后续工作的开展。

修复的补料选择，需要修复师非常认真细心，选择画心局部用放大镜仔细观察，将修补材料和画心材料认真比对，保证补纸厚薄、质地、帘纹相近。

常见的修复工艺有挤缝、做口子 / 隐洞、挖补接幅、补绢心等。

一、挤缝

古书画如有画面断裂、画意脱离等情况，需要谨慎补救，这是复原画意的关键步骤。实操方法如下：先淋上清水，使断裂处能够随之移动，可将断裂部位按丝缝拉拢、拼齐挤紧，务必使画意内容不走样，然后用毛巾吸干水分，加护水油纸。

绢本挤缝要先在正面加护水油纸，过程中要保证糨糊厚薄适宜，免得影响画面内容。另外，揭去覆背与命纸后，背面同样要加护水油纸，然后可将画心起身，翻转刷平在裱画台上，再用水排笔蘸水，在画心正面潮润清水，将护在正面即第一次糊上去的水油纸掀掉，露出正面画心，看清挤拢的目标，淋上清水，活动绢丝，直其经纬，两头挤拢。挤拢以后，如发现有挤乱的丝缕，应用针锥顺着丝线、纹路逐一挑拨理顺。最后用毛巾吸干水分，另在水油纸上刷薄糨糊，加护在绢心正面。再翻过身来，将反面的水油纸揭掉，用刷帚在破缝处刷上稀糨糊，使之粘牢，稍等片刻，待有干意，用晾杆（即抛光细竹竿）晾起，待干燥后进行托裱。

二、做口子 / 隐洞

因时间久远，古书画物质材料会出现各种断裂、破损或残缺，需要寻找相似材质的材料，进行补缀和加固，以利于长期保存，防止再次断裂和进一步残损，也为后续“补全、接笔”做准备。

“做口子”是指古书画揭裱后，露出残缺的洞口，需要在修补前将洞口四周逐渐磨薄，趁着画心湿润用手指指纹慢慢地轻轻地摩擦，前提是不损伤画心画意。接下来用帘纹、色泽、厚度、质感一致的材料，进行补洞，待修补干燥之后，用刀片进行刮洞口，去除黑口。

对于原补破洞，要观察破洞情况，分别对待，如原补破洞丝缕接近，接笔好，可以保留原补不动。如补得不好，接笔差，就须揭掉重补。

“隐洞”是指不补洞，用与画心基本相同的纸、绢整托，随后整个画心上墙（图6-4），待画心自然挣干后，可全色补全缺失的洞口。此做法若今后重新装裱，揭裱时需要格外谨慎，要重新补洞。

图 6-4　隐洞

三、贴折条

古书画保存过程中，难免会出现画面断裂、脆化现象，可能是由于原装裱不佳，出现中空现象，或者是保存储藏不当，出现受潮发霉、糟朽断裂、虫蛀鼠咬以及人为撕裂裁剪等情况。因此，古书画修复过程中，必须采取一些措施防止画面继续断裂，贴折条是修复过程中常用的加固方法。

贴折条（图6-5）是指在上好托纸的画心背面的折痕断裂处，逐一封贴上细长的小纸条，使之重新装裱后，断裂处不再出现折痕，起到加固保护画心的作用。需要注意的是，折条用纸应该依照画心厚薄而定，较薄画心上用薄纸制作折条，较厚画心上用厚纸制作折条，每一件画心上使用的折条用纸应一致。

贴折条的具体方法如下。首先，准备折条，折条可用刀裁也可以用针锥划，两种方法得到的折条效果不同。前者规整，后者折条两边有毛口，与画心上的纤维黏结更为紧密、牢固。常规而言，折条的宽度为0.15—0.3厘米，裁剪时注意要顺着帘纹去裁。其次，将托好的画心正面向下铺在拷贝台上，利用光线使折痕显现，将裁好的折条刷上糨糊，按折痕走向对准中缝粘贴，垫纸压平。遇到折条痕迹辨认不清时，可将画心铺到拷贝台上进行粘贴。

粘贴过程中，无论折痕大小或多少，都要逐个贴到，不可遗漏。最后在整个画心加固后，可重新托命纸，新裱之后，可上蜡仔细研画，使得折条更加紧密地与画心结合。

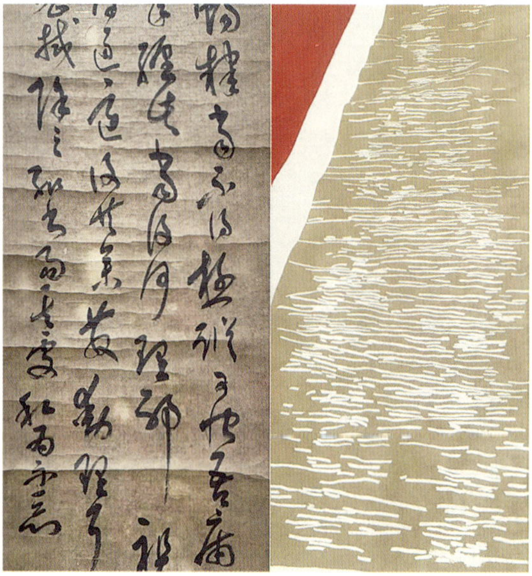

图 6-5　贴折条

四、挖补接幅

题款、钤印能够增加画面的丰富感，为中国绘画艺术增添独特的形式美。经验丰富的修复师，根据“或长行直下，增添画面气势与生机；或拦住画幅边缘，使画面布局紧凑；或补充空虚，使得画面平衡；或弥补散漫，增加交叉疏密变化”等原则，根据画面内容，适当补充、调整，为作品增添精气神。

挖补接幅有两种常见的方法。

一种方法是根据“做口子”原理，拼接整张宣纸，抑或挖补画面、补款、移款。挖补时需要将整个画面正面朝上平放于台面上，用中指缓缓地挖补四周磨薄，做成带有斜度的口子；然后将提前准备好的纸张对准帘纹，覆盖在挖补处，再衬上干燥洁净的毛边纸轻轻刷平。刷平的过程中，可随手将无用的纸头去掉，并磨平边口。

挖补时如果搓磨得好，不会显出挖补痕迹，甚至可以达到天衣无缝的效果。拼接整张宣纸，“接口”“接幅”，挖去笔误错字及墨迹，也用这个方法。挖绢心需要用锋利的马蹄刀，趁画面干爽之际，轻轻把要挖补四周的口子或接口刮平，刮出斜坡，便可接补。

另一种方法是挖嵌、挖款、移动题词、印记、迁移画意局部，可以根据需要沿外形用刀刻下，在挖掉的周边用做口子的方法磨薄，采取同样的补料，根据挖下的形状在周边放出0.5—1厘米作为接口，并将其磨薄成为斜坡形，然后将挖下来的局部正面朝上，摊平在补料上，依外形边际刷糨糊，除去挖下部分，把刷好糨糊的补料对纹对缕贴在画心背面，待干即成，然后在接补的洞口全色、接笔，掩去破绽，使接补处与画面无异。

去除古书画上的笔误错字及墨污痕迹，挖去补好即可。如果是挖款或题词行间去字，一定要根据字画整体情况进行规划。因此，修复师要深入了解书画家落款、题词、布局、盖章的特征和风格，把画面安排得恰如其分，有条不紊。

五、补绢心

绢本画心修补有两种方法，分别为斩补法和整绢裱托法。两种修补方法各有不同。斩补法是指原件不能刮口，只能把破洞边口切齐，镶补料时要求丝纹对准，四口碰紧不离不叠，口子不能有斜坡，洞口及补料垂直裁切并镶嵌。斩补法适用于镶补珊瑚笺、冷金笺、粉笺书画，此类书画材质的口缘厚实，磨去表层颜色有异，不能作斜坡补口，因以此法作补较为适宜。

斩补法需将事先备好的补料贴在水油纸上，将补料对准丝纹垫在心子洞口下面，用锋利尖薄小刀将破损圆口洞按洞的大小一刀斩铡而下，斩成方口，下面补料也同时斩成同样形状，嵌进洞口，加贴网网绢条子，即可完成。这种补法的优点是铡得利落，镶得严密，能使补料痕迹从顺丝顺缕的纹路中隐去，新裱好时几乎看不出来。其缺点是因要斩方口子，势必把小洞变成大洞，损伤画心，裱成后舒卷日久，斩口处虽有网网绢条子保护，根据以往经验，日久仍不可避免会断裂。所以斩补法在有经验的装裱师看来，不利于绢心保护和书画收藏。

整绢裱托法适用于破损严重、遍布破洞裂痕的古书画，修复起来极费工时，这类画心只能取相似材料进行整托。托补材料的颜色宜稍浅，不宜太深，如果色浅，可以在整托前加色，如果太深，应在托前以高锰酸钾、草酸洗色变淡，干后对比试补再做决定。应用整托前，原件破洞断口处要刮好斜口，然后上糨糊。用大幅补料整托画心，整补画心虽不单独补洞，但在托好晾干以后，还需在托纸的后面，用白纸垫在破洞处衬平，也叫作“隐补”。这种补法，虽有修补全面、坚实可靠的优点，但也有不足之处。其一，绢托要用厚糨糊，使画心经纬固定更牢，但画面易变厚。其二，绢托的画心日久糊性脱落，托绢与画心分离，画心容易破碎散失。其三，绢托的画心受外层逼迫，无处伸展，弹性僵死，形成里圈画心小，外圈托绢大。在舒卷中，外圈不断挤压内圈，使处在内圈的画心只压不伸，容易先起夹皱，甚至断裂。以上缺点在有经验的装裱家看来，无异于是“慢性杀画”，不宜采用。

现在常用的是细补法。其方法是顺着破损的原洞口，用锋利的小马蹄刀在洞口四周刮出斜坡，用毛笔蘸薄粥样糨糊涂在刮好的洞口处，然后把提前备好相似的旧绢对准洞口的经纬，按丝按缕地接贴，上面再涂一层薄糨糊加固，等干燥以后，用快刀刮去补足洞口的余绢。

注意不能刮得太净，以免在托好后揭去水油纸时使破洞再损，反而费时费工，并使全色、接笔更加困难。但破口留有过多的补绢疙瘩也不好，要仔细检查，以免有遗漏。遇有似断非断的痕迹和补过的洞口，可准备经纬粗细一致的绢嵌补四周。等画心托好之后，还要在画心背面贴折条，折条用十刀头宣纸裁成0.2—0.3厘米宽的纸条，贴在已托好的画心背面裂缝上，然后垫纸用手揿实以加固画心。芝麻小洞，不必刮口，只用稀薄绢小块贴补。画心边缘四角缺损，可将补料裁成直角补齐。上述精细操作的“细补法”，能够起到修补痕迹不明显的效果，可使画心恢复精神，舒卷柔顺平挺，不易断裂，利于收藏，达到全貌、存真和“益寿延年”的目的。

思考题

1. 请具体分析古旧绢本书画残缺的补全方法，并谈谈绢本修复与纸本修复的区别。
2. 请谈谈挖补接幅的两种常见方法，并讲述做口子和隐洞的注意事项。

第四节　托画心

（请扫描版权页上二维码，观看教学视频）

托画心是镶裱各类样式书画的重要工序，需要提前准备好大于画心边长2—3厘米的宣纸，然后将画心托好，并上墙。常见的托裱方式有干托法、湿托法两种，至于选择哪一种装裱样式，可根据画心正面题材的内容而定。

托画心的作用在于加固画面，画心的纸、绢系半透明状态，这一层纸的颜色和质地对画心最终所呈现出的色泽、气息以及保存年限都起到至关重要的作用，也称为“命纸”。

托画心的方法有三种，具体可参考本书第四章第二节中的内容。

思考题

1. 简析托画心注意事项。

第五节　全色、接笔

“全色”是中国古书画保护与修复中非常重要的技术，古书画经过全色后，画面能恢复原本面貌，这关系到画心、画意的再现，也体现了修复师对书画艺术的理解。全色是指补色和接笔，此工序对修复师的综合能力要求很高，需要多年装裱工作实践经验，更需要从文物保护的高度细心严谨地进行修复。古书画经过揭补后，需要根据实际情况来全色。画心的残破部位，经过补托，纸地、绢地虽已完整，但颜色与原画心会有差异，个别部位画意可能存在残缺。古旧书画是纸绢类材质，天长日久，难免会出于各种原因造成画面失色和残破，残破较严重的书画就涉及全色。

全色是指在托补好的字画作品上进行补色，补色处应与原画的笔墨气韵相一致，无论是从正面、侧面顺看、倒看均看不出补色的痕迹，即所谓“四面光”。全色的目的是使被修复作品完善，增强它的艺术性，丰富它的神韵。

接笔要求修复师具有一定的书法绘画功底，熟悉各类书法风格以及山水、人物、花鸟各类题材的画法特点。书画修复师需要经常摹写古画与书法，学习掌握传统用笔用墨技巧。在给一幅旧书画接笔前，先要仔细研读画家用笔用墨特点，根据画面留存的信息，判断缺损处的画意结构。必要时可寻找该艺术家的其他画作资料作参考，不断推敲，只有立意在先，才能下笔精准，气韵连贯。

一、上胶矾水 / 上豆浆水

古书画清洗、揭裱、托补之后，需要整体全色、起旧返新。在全色之前，应先上胶矾水。胶矾水是明矾、骨胶的水溶液，其成分是十二水合硫酸铝钾，又称明矾、白矾、钾矾、钾铝矾、钾明矾，是含有结晶水的硫酸钾和硫酸铝的复盐。明矾的作用是填充纸张中的小孔隙以提高纸张的抗水性，同时也能改善纸张的光泽度、强度并能防止纸面起毛。骨胶是一种使用最为广泛的动物类黏结材料。其特点是：黏结性能好，强度高，水分少，干燥快，结定型好，价格低，使用方便，特别适合黏结和糊制精装书封壳。胶矾水的作用是使纸、绢不晕色、不跑墨。

胶矾水的浓度把控非常重要，只能上在画心的背面。胶矾水中胶、矾和水三者的比例一般为1:3:15。胶矾水配好后可用手指蘸少许尝一下，如发甜，说明兑胶偏多；如发涩，说明兑矾偏多。观察胶矾水刷在纸上的效果，可判断出胶矾水的浓度是否合适。胶矾过重要露白光冒矾，过轻脱矾漏色。胶矾水又忌受咸气，一遇盐分则效果全失。上胶矾水一般须在晴天进行。上过胶矾水的画心，画面上如起小矾泡，干后会留痕迹，因此，上胶矾后需用毛边纸衬着吸一吸，贴板待干，然后全色。

上胶矾水的方法是：将画心正面向下，置于画案，用排笔蘸胶矾水均匀地刷在托好的画心背面，使其逐渐渗透。后背面铺垫水油纸用力排刷，促其渗透并防止补纸折条糨糊不严。对于画心残破不堪并糟朽严重的作品，需要在画案上衬绢，以防止画心残块脱落粘于案上。画心上完胶矾水后，自然晾干。如果画面残破部位较小，可只在画心正面残破处施适量胶矾水。古人在绢上作画，为了行笔效果，绢往往已经刷过多遍胶矾水，又经过多次装裱，糊里有矾，托纸里有胶，更具熟性。这种绢本，可以不上胶矾水。因补上去的绢比较生，全色时要漏沉颜色，如果画面比较完整，就只需在全色部分的反面矾一下即可。

古书画文物在清洗和全色修复过程中，为稳定纸绢材料遇水的稳定性，避免书画在全色、接笔过程中颜色被晕开，应在全色前预先上胶矾水。但上胶矾水在业内也有些争议，较多研究证明，明矾在水解后容易产生酸性物质，会使书画及装裱材料出现脆化等问题。上海博物馆书画修复部坚持使用传统方法中的豆浆水来取代胶矾水熟化纸张。使用豆浆水熟化不会出现胶矾水使用不当而产生泛白的现象，能使书画光泽柔和，更适于全色。

因此，豆浆水用作纸张施胶剂对提高纸张的抗水性具有很好的效果。对施胶前后聚合度、红外光谱和扫描电镜的分析测试表明，经豆浆水处理的纸样与胶矾水处理纸样相似，纤维表面形成一层胶状物质，蛋白质分子和纤维表面更多氢键的形成，提高了纸张的抗水性。并且豆浆水处理纸样老化后聚合度降低率低于胶矾水处理纸张，用豆浆水修复后的书画文物色泽柔和。豆浆水的应用研究为书画文物的修复提供了又一种方法。

二、定方式、选地方

全色有两种方式：一种是贴在台上全，叫作“平全”；一种是贴在壁上全，叫作“立全”。手卷册页是平放在案上欣赏，全色宜平放在案上进行；立轴屏对悬挂在墙上欣赏，全色宜平贴在壁上进行。这样比较符合欣赏规律，全色部位可以少露痕迹，效果较佳。

全色应选择光线明亮处进行，取左侧来光。不论平全、立全，画心必须贴平贴正，人也要坐正立正，使画面下端靠近身体，做到画正、人正、心正、笔正，光顺、眼顺、手顺，全补出来的色气就比较准确，两侧、倒看、顺看都不易看出全补痕迹，即所谓“四面光”。

凡是经过揭裱、漂洗、胶矾熟化过且受损残破的画心，都需要重新上墙。至于如何全色，立轴多选用“立全”的方式，手卷、册页多用“平全”的方式。

三、补色

补色是建立在画作画面完整的基础之上的，即将画心残缺处经过修补、刮磨，在颜色变浅之处，调好适宜的颜色补全，以确保画面色调一致，整体气质俱佳的过程。

补色的主要工具有色碟、笔洗、大小狼毫笔和羊毫笔，常用颜料以墨、花青、赭、藤黄为主，间或用到朱磦、曙红、胭脂、石青、石绿等调成所需颜色，如补粉笺，要略加白粉。每次调色不宜过多，随调随用，至多不要超过当天用量。

调兑的颜色要比画心的颜色稍浅。往往只全一次是不够的，需要循序渐进，一遍一遍地全色、对比，再补色。另外，补色前可先从边缘局部入手，检查画心是否漏矾。从细微入手，根据画面需要补色的情况，选择明亮且不耀眼的自然光线，按照补色规律谨慎补色，以达到最终效果。

四、接笔

接笔（图6-6）是指所修复的画作由于残缺破损导致原画面笔迹断裂，需要增添墨色使得笔画连续的过程。接笔时，使用软毫、硬毫、兼毫毛笔皆可，软毫以羊毫为主，硬毫以狼毫为主，兼毫是用软硬毫合制之笔。选用何种毛笔与接笔补色的笔道有关，如勾勒劲挺的线条，宜用硬毫，如渲染大片的色墨，宜用纯羊毫。

古书画修复时，接笔是有前提条件的。如原画作缺失的画意较少且画面相对完整，修复者能够根据画面现有的内容推测出缺失的画意，此类情况建议尽早接笔，以免画面内容缺失而无法得知原画作的真实状态。再如，画面内容单一且缺失的画意又处于画作中间位置，这种情况下可借鉴画面其他有画意的地方，根据画作的现有艺术风格进行接笔。

接笔前要根据画面内容仔细分析原作画意，尽量做到所接内容准确、完备，尤其是流畅线条的表现和人物、器物、景物造型的展现，均要考虑画面的整体意蕴表达。宋代周密在《癸辛杂识前集·笔墨册稿墨》中说道：“元晖谓笔不可意者，如朽竹篙舟，曲箸哺物，此最善喻。”故毛笔质量的好坏，对接笔而言是不可忽视的因素。

接笔时执笔的方法是需要训练的，正所谓方法得当，方能运用自如。

所谓书画同源，修复师大多经过书画创作学习，掌握正确的执笔方式，即五指共执，拇指按笔使笔向前，食指挽笔使笔向后，中指勾笔使笔向右，无名指、小指抵笔使笔向左，指实掌虚，腕平掌直，细小处用指运笔，粗大处以腕运笔，主要能掌握指、腕肘臂运笔的正确灵活，才能表现出节奏分明、顿挫有力的笔道。

接笔时，笔锋的掌控是有迹可循的，主要包括正锋、侧锋、偏锋等。正锋线条严谨、不偏不倚，以静态为主，如锥刀之迹；侧锋取其妍，线条活泼，适当侧行，动态为主；偏锋线条轻佻，缺乏力度和厚重感。

接笔作画要按照画面整体风格进行，修复师需要掌握“提、按、点、写、画”

等技巧，能灵活运用笔法，通过干湿、轻重、顺逆、缓急等变化用笔，同时画出线、画、点、皴、染等多种笔道，更好地表现描绘对象的质感、动势、空间、明暗、软硬等状态，极尽笔法之妙。

图 6-6　接笔

思考题

1. 简述古旧书画档案建立由几部分组成。如何撰写一份合格的书画修复档案？

2. 结合旧字画修复作品的病害情况，谈一谈全色、接笔的重要性。

3. 字画裱件在什么情况下，需要“上胶矾水”？简述“上胶矾水”的正确做法。

拓展阅读

[1]《书画装潢学》，杜子熊，上海书画出版社，1986

[2]《书画修复理论》，陆宗润，高等教育出版社，2003

[3]《古书画仿制研究》，李元茂，海南出版社，2004

[4]《文物修复研究》，国家文物局博物馆司、中国文物学会文物修复专业委员会，民族出版社，2007

[5]《图说中国书画装裱（第2版）》，严桂荣，上海人民美术出版社，2008
[6]《中国书画文物修复导则》，南京博物院，译林出版社，2017
[7]《博物馆书画修复理论与实践》，范胜利，燕山出版社，2017
[8]《锦上添花 中国书画装裱实验教学》，唐鸣岳，人民美术出版社，2020
[9]《百工开物：江苏民间技艺》，南京图书馆，东南大学出版社，2021

第七章

书画作品修复案例分析

本章节选取上海博物馆古字画作品修复案例作为教学素材，通过周密严谨、完备的修复实例，向学生呈现真实、科学的修复方法与专业性研究。整章共四个案例，分别为对联原装裱修复、纸本作品《唐寅山水图》修复、绢本立轴修复以及转边手卷镶接工艺研究。四个案例的选取遵循了书画和古籍保护与修复专业课程发展的要求，也符合本科阶段学生的专业所需。

第一节　吴昌硕篆书对联保留原裱绫的修复

据史料记载，中国书画装裱技艺在晋代以前就已出现，历经近两千年的发展和传承，形成了手卷、立轴、册页等多种式样。古代书画能流传至今，装裱对其的保护作用功不可没，但纸和绢的脆弱性使其在流传过程中极易出现劣化破损，一件流传百年或千年的书画，必定经过多次修复重装，原有装裱往往被切除，重装的书画与前代的式样、所用绫绢材料会有所变化。随着历史的演进，原先面貌就无法考证。前代的装裱式样、尺寸、材料也只能见诸文献，而文字的阐述与实物给人的直观感受会有所差距，所以在现今的书画修复中，保留优秀的原装裱，与作品一起进行修复的案例日益增多，原有装裱与作品整体散发出的古旧典雅的气韵以及其历史价值与研究价值正日益受到重视。

图7-1为宜兴市博物馆馆藏文物吴昌硕篆书八言联（修复前）。此件文物对联书写在两张大红洒金笺上，画心尺寸均为纵202厘米、横42厘米，内容为“射雉缶糜简车于猎，罟晏橐鲤安舫以游”，上款“孝馀仁兄大人大雅属瑑”，落款“昌硕吴俊卿”，白文印“仓硕”，朱文印“俊卿之印”。裱件为一色对联式样，湖绿色花绫镶接，民国时期装裱。由于保存不当，画心老化发脆，多处严重折断、开裂，并有局部残缺；裱绫断痕严重，裱边有磨损，天杆处开裂，有缺损，已无法展陈，急需进行修复，并要求保留具有时代特征的原民国装裱。

图7-1　修复前

一、主要病害分析

（一）断裂痕

图 7-2　断痕

本件文物的保存状况相当差，画心上横向的断裂、断痕、折痕严重（图7–2），并有多处断痕和覆背一起开裂（图7–3），展开时稍有不慎，就会使画心断成两截。裱边和天地头同样布满断痕与折痕，上下助条完全断裂（图7–4），天杆处开裂，下联接近天杆处有缺损（图7–5）。

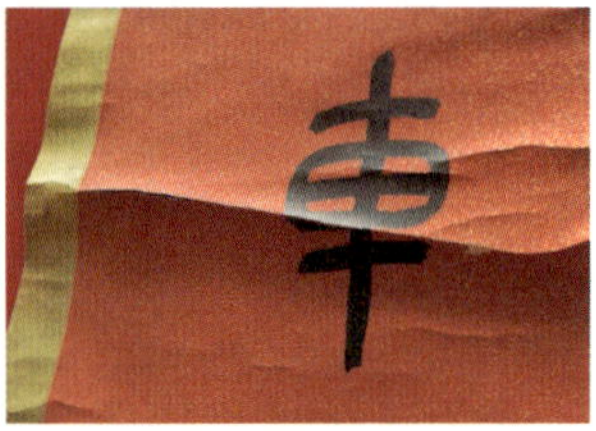

图 7-3　画心开裂

（二）裱件黄变

裱件包首和覆背整体呈现老化变黄现象，助条和画心断开处露出的托纸层皆呈旧黄色，应当也是纸张老化黄变所致。裱绫颜色为湖绿色；而从接缝的脱糨处露出的下层裱绫，以及将天杆拆开后粘在包杆上的半层裱绫托纸看，颜色更浅且偏蓝。由于这些部位没有暴露在外，应该更接近原来颜色，因此判断裱绫现在所呈现的偏绿颜色可能是老化黄变形成的。造成裱件整体黄变的原因，可能是曾经长期张挂于室内，受到空气中硫化物、氮氧化物等污染物质的侵蚀，纸张、绢丝产生酸化反应。此外日光中的紫外光长期照射，使裱件纤维强度下降，老化发脆，从而产生断痕、断裂。

图 7-4　裱绫接缝和助条处断裂

（三）水渍污渍

上下联的天头与裱边上皆有一路从上到下的水渍（图7–6），从裱件背面看更为明显。下联的地头近包杆处有一摊污渍，中间呈深褐色，周围略淡。

图 7-5　天杆处裱绫断裂和残缺

（四）其他病害

绢包首老化酥脆，脏污泛黄，断痕严重，有破洞、磨损，两边尤其严重，几乎都被磨掉（图7–7）。签条破损残缺严重（图7–8）。地杆过细，直径只有2.8厘米，这也是卷轴产生断痕的原因之一。地杆两头的封头都已磨损（图7–9）。

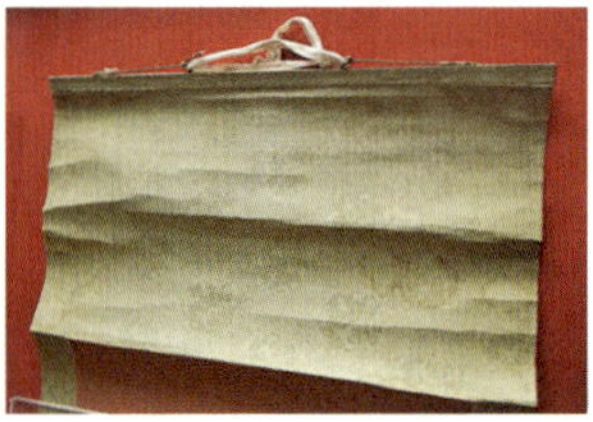

图 7-6　裱绫有水渍

二、材质检测分析

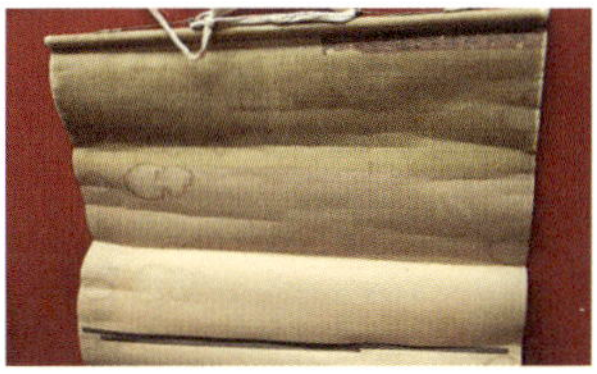
图 7-7 包首老化变黄

（一）仪器

FEI公司Quanta650型环境扫描电子显微镜，配备有TEAM能谱仪利用扫描电镜能谱仪；显微拉曼光谱 Renishaw inVia型激光共焦显微拉曼光谱仪，配有Leica镜头；XWY–纤维分析仪；日本Keyence公司的VHX–5000型视频显微镜（图7–10）。

（二）颜料分析

结合能谱分析和拉曼光谱分析结果可以看出（图7–11），画心红色部位主要含有汞和硫元素，可以确定朱砂（HgS）颜料染色（图7–12）；洒金处含有金元素（Au），为金箔（图7–13）。

图 7-8 签条有残缺

（三）纤维分析

对书画背纸进行纤维染色分析，观察到有草类锯齿状细胞及两种纤维（图7–14）。一种纤维染色呈棕色，较细且没有明显胶衣和横截纹；另一种纤维染色偏黄，两端尖细。此背纸应为稻草和青檀皮所制的宣纸。

三、保留原装裱修复方案的关键点

图 7-9 封头磨损

根据本件文物的画心与原装裱的病害情况，修复方案的关键点如下。

（一）原包首不保留，更换新包首

包首为卷轴卷收后包裹于最外层的绢质材料，既美观，也起着对卷轴的保护作用。由于原包首已酥脆，并磨损严重，如保留原用，今后在提取与卷展书画时，首先触碰的就是包首部分，脆弱的原包首只会减弱对卷轴卷起后的保护作用。本件保留原装裱的修复，主要是保留住裱件正面的旧花绫，对原本起加固保护作用，而现已老化发脆的覆背与包首必须揭去，不予保留，因此包首需要换新。

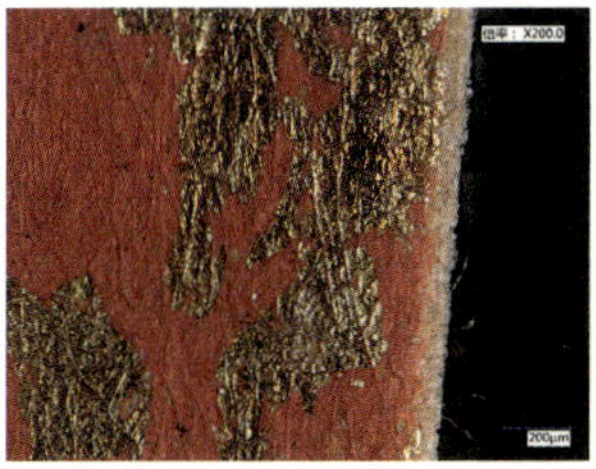
图 7-10 视频显微镜照片（200 倍）

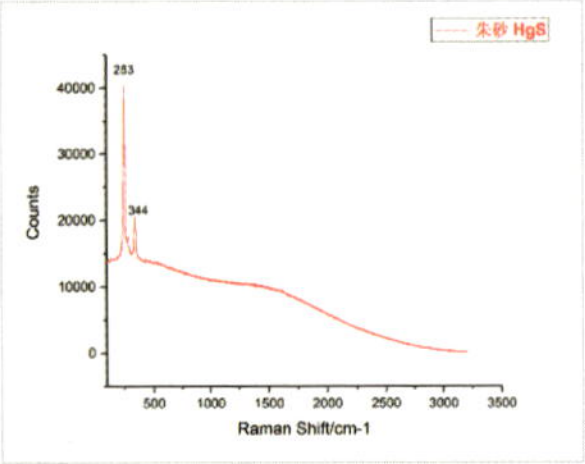

图 7-11　红色部分拉曼光谱图

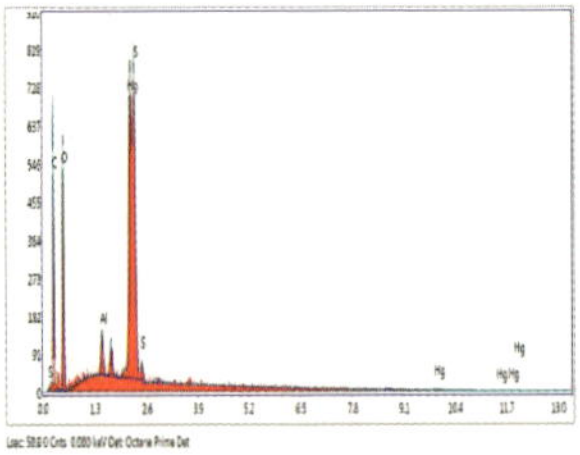

图 7-12　红色部分能谱图

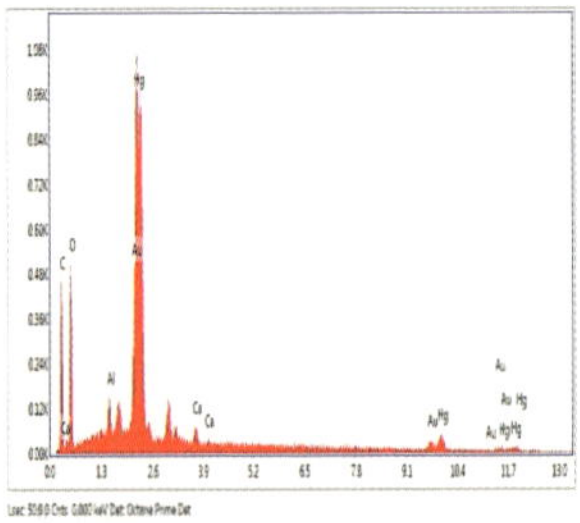

图 7-13　金色部分能谱图

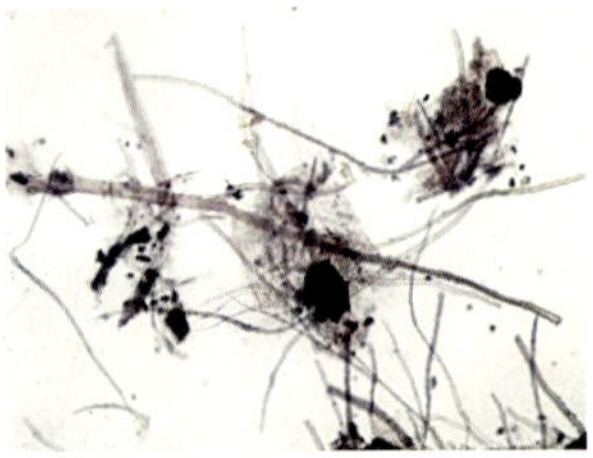

图 7-14　背纸纤维分析

（二）将原裱绫与画心分离，分别进行修复后再组合还原

保留原装裱的修复方法通常有两种：一种为画心与原装裱的状况较好，只是少量断痕，包首与覆背有劣化或起空现象，而且是绫绢整挖式，修复时一般不将画心和装裱分离，只是更换包首与覆背；另一种为画心劣化较严重，尤其画心与托纸层起空或老化断裂，需要重新修补更换新托纸。原装裱为镶接式，且有破损，修复时就应将装裱与画心分离，分别进行修复，然后再组合还原。

修复师经过对病害状况的研究，决定采用后一种修复方式，原因有三。1.托纸层与覆背层老化发脆，多处断裂，甚至断开，上下助条也彻底断裂，如果只是去除覆背保留原托纸与助条，就必须整体再加托一层托纸，这样的操作不但增加了裱件的厚度，而且需要用更厚的纸条来加固断痕处，裱件整体厚度与贴条厚度的增加会使今后有再次产生断痕的风险。2.原装裱的助条有2.5毫米宽，显得太粗，不够精细，助条应在1—1.2毫米才会显得精致。为了追求修复的完美性，需要拆分原装裱，调整助条粗细。3.原裱绫有水渍和破洞，且裱绫与画心的情况不同，清洗使用的水温会有差异，拆分后分别进行清洗与修补更为方便合理。

（三）签条原用并修复，更换地杆

本件签条为吴冠南先生题写，必须保留原用，残缺处要进行修复。

原地杆过细，不利于文物的保护，卷起后会因卷轴直径过小而产生断痕，因此本作品修复会改用旧杉木加工的直径4.5厘米的地杆。

四、主要修复过程

（一）拆解裱件

本件作品由于画心老化断裂严重，而且多处开裂，断痕处都呈尖峰型翘起，给裁切带来不便。因此需先用排笔轻轻潮润裱件背面，使其软化，慢慢伸展平整，再在开裂处贴上加固条保护。然后翻身，正面朝上，沿着助条线将画心裁下（图7–15），使之与裱绫分离。

用毛笔继续潮润裱边与天地头的接缝处，待此处受潮软化后，先揭去背面的一小段覆背，再用镊子挑开转边，慢慢地依次将裱边与天地头分离（图7–16）。

图 7–15　拆解裱件

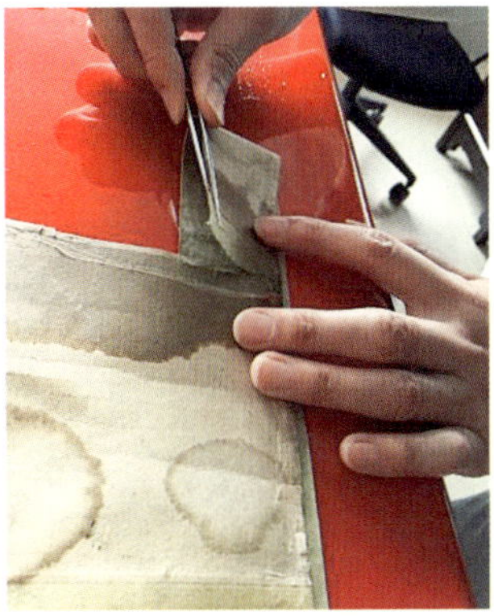

图 7–16　拆解裱绫

（二）标注裱件

因为是将裱件拆分后分别修复再还原，而且对联相当于两件立轴，这样共有四条边和两副天地头。为了之后再镶接时不弄错，裱件拆分后在裱绫的覆背上用铅笔标清原来的位置。

裱绫在揭去原覆背重新托好后，在托纸背面需再次标清楚原先位置，以方便之后镶接还原。

（三）染纸

此次修复需要染三种颜色的宣纸，分别用作画心、裱绫的托纸以及助条，颜色水用天然矿物、植物颜料调配，宣纸均选用薄而均匀的棉料绵连纸染制。画心托纸无须染成与画心本纸一样深度的颜色，只需染成略淡的红色，以方便之后对细缝处的全色。助条纸与裱绫的托纸染成与原助条和裱绫相接近的颜色，以更好地还原原来的效果。

（四）清洗

本件作品因之前长时间悬挂，表面有灰尘与脏污，需要进行清洗。

1.画心清洗

画心材质为朱砂洒金笺，不吸水，书写墨迹浮于纸张表面，因此不可用热水清洗，以避免发生洒金脱胶掉落和跑墨的现象，采用冷水清洗掉表面尘垢即可。

2.裱绫清洗

本件裱边与天地头皆有明显水渍、污渍，而且从现状判断应是较早留下的痕迹，已完全与绢丝纤维牢固结合，属于较为顽固的污渍。考虑到裱绫的老化状况，故不采用化学试剂对污渍进行清洗，以避免对脆弱的绢丝造成损伤。裱绫与托纸黏结牢固，并无起空现象，可用80度热水进行清洗，以尽可能地洗去表面污垢，又不伤及绢丝。实际操作中，经过两遍热水清洗，纸张与绢丝间有脏污黄水流出，虽原有水渍与下联地头上的深色污渍的痕迹仍然可见，但颜色已比原来略淡，清洗效果有所体现，为保护裱绫，就不再做进一步清洗。

（五）揭除原覆背与托纸

纸本古旧书画在揭裱修复前，必须在正面加衬保护层，起到隔离和保护画心的作用，避免产生残破画心黏附于桌面而难以起身的现象。本件画心的修复以白色耿绢作为保护层。先将耿绢用清水润湿，撑平于桌上，吸干多余水分，然后将画心正面朝下平放其上，背面潮水，待充分伸展后，用棕刷将其刷平。

1.画心托纸与覆背揭除

本件原覆背为两层宣纸，老化发黄较严重。用镊子先将覆背纸揭除。画心的断痕、裂口特别多，揭到托纸层时（图7–17），必须小心谨慎，避免将裂口不慎带起造成撕破，尽量小块的、循序渐进地顺着一个方向揭除。遇到糨糊厚、难揭处，可用手指轻搓，慢慢搓掉托纸。

图 7–17　画心的原托纸层与覆背层

2.裱绫覆背的揭除

裱绫在经过热水清洗后，托纸层与花绫的黏结依然牢固，说明托绫用的糨糊较厚。裱绫虽有断痕，但除了天杆处有开裂断开外，其他部分都没有绫与托纸层一同断裂的现象。考虑到绢丝有所老化，硬要将黏结牢固的托纸揭掉，会有损伤绢丝的风险，修复师因此决定保留原托纸层，不予去除。揭去原覆背时要注意不能有带起半层托纸现象，要揭得均匀（图7–18）。覆背纸揭除后，用镊子将转边小心地揭开展平，并将转边处的托

图 7–18　裱绫揭除背纸后

纸层揭除，这是为了之后再重新转边，此处能略薄一层。上下联的天头有破洞，用质地、花纹、颜色接近的花绫修补。天地头的夹口折痕处因绢丝老化而拉力强度降低，出现开裂，用皮纸（皮纸纤维较宣纸长，拉力强于宣纸，可用于此处加固）裁成1厘米宽的条子，在此处进行加固。

（六）小托

本件作品用纸为加工做熟的笺纸，具有抗水性，因此托心用的糨糊要略厚些。裁好的助条纸镶在画心四边，将染色的托纸潮润后刷于画心背面（图7–19）。托好的画心连同底下的耿绢一起移到吸水纸上，然后正面朝上，将耿绢揭去。

图7–19　画心小托

因裱绫保留了原托纸，糨糊要略稀些，上下联各自的两条裱边托在一起，天地头分开托。托纸四边多放出6厘米宽，作为之后上墙贴平的贴边，反面隐上助条以增强拉力（图7–20）。

图7–20　裱绫小托

（七）全色

本件作品没有大面积的缺失，皆是小细缝与局部小缺损，这是由画心开裂处的磨损、小碎片掉落所造成的。用天然矿物颜料朱砂与大红调配（因为现在的矿物质朱砂提取的纯度不如从前，全色时调入一点大红使颜色与作品更接近），对细缝进行全色，全色时特别需要保持手的稳定性，使笔尖正好嵌入细缝，避免碰到两边产生黑口。墨迹为光亮的油烟墨书写，因此墨迹处的细缝要用油烟墨接补。

天头裱绫的颜色为湖绿色，并带有旧气，用矿物颜料赭石、藤黄、花青和墨调配对修补处进行全色（图7–21）。颜色不能追求一遍到位，要由浅至深地加色，直至“补处莫分”（图7–22）。

图 7–21　裱绫全色前

图 7–22　裱绫全色后

（八）镶料

将修补好的画心、绫边、天地头再重新镶接组合在一起是本次保留原装裱修复的关键一步。裱绫依原样裁正，画心裁去废边，留出助条。通常镶接对联会两条叠放在一起做，但这次为了裱绫还原的位置不弄错，上下联分开镶。原装裱的做工上有某些不考究处，在不影响整体的情况下，本次重组时进行微调改进。比如原来画心与镶料间留的助条较宽，略显粗糙，现改为较精细的1毫米宽；还有原裱的转边不齐整，本次就不依着原转边老印子做，而是在两边用针锥依原转边宽度扎通天眼后再转边的方法，使其齐整笔直。

（九）贴条加固

在断痕背面贴加固条对修复古书画的断痕、折痕具有重要意义。本次修复不仅画心上的断痕需要加固，原裱绫上也布满断痕，同样需要贴条加固（图7–23）。

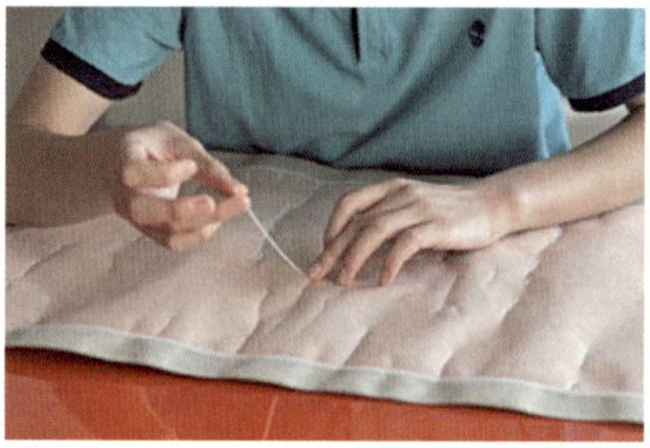
图 7–23　贴条加固

（十）修复签条

原签条为褐色洒金笺，有破损残缺（图7–24）。签条先要从原包首上揭下，贴签用的糨糊较厚，需用水润湿后用毛巾盖上，“闷”一段时间，直到糨糊彻底软化，然后小心地将背后的绢揭去。再经过补洞、小托（用极薄的皮纸托）、全色修复，使签条恢复完整（图7–25）。

图 7–24　签条修复前

（十一）配覆背与包首

本件覆背用两层棉料粘连，以使裱件修复完成后达到薄而柔软的效果。为了使覆背看起来不过于白新，能与老裱绫的古旧气息相融合，修复师用矿物颜料调制成淡旧色颜色水，将它用于覆背纸最外层的绵连纸染色做旧。

包首的厚度要与覆背的厚度一致或者略薄一些，才会使表件的天头上部显得平整柔软。本件新配包首用极薄的净皮扎花托绢，以使其达到与覆背相同的厚度。包首的颜色染成与原包首颜色相接近的黄旧色。

图 7–25　签条修复后

（十二）上墙与砑装

包首、覆背覆贴于裱件背面，贴上签条与下搭杆后上墙贴平。裱件下墙后，需在背面上蜡砑光（图7–26）。本件作品在背面推砑了四遍，使其光滑似镜，卷展柔顺，以减少覆背与画心之间的摩擦。

本件原天杆较标准，所以保留使用。原地杆过细，现用稳定性好的旧杉木定做直径4.5厘米的地杆进行安装，选用古意盎然的菊花如意纹仿宋锦作为地杆封头（图7–27）。

五、总结

传统的装裱形式历经千年的发展，已形成数种经典式样，但不同时期会有各自特色，不管是尺寸比例，还是绫、绢的花纹、颜色，均会体现出其所处时代的审美意趣，因此，在书画修复中保留原有装裱的做法，正日益受到重视。当然，并不是只要老的旧的装裱就都应该

图 7–26　砑背后效果

保留，每个时代的装裱质量都会有优劣之分，修复师只有在对原装裱的材质、工艺质量、残损情况、流传历史等做出合理的评估后，才能决定留还是不留，或是保留原装裱的一部分，我们需要保留的是那些经典优秀的原装裱。

保留原装裱的修复是将原装裱也如同画心一样进行修复保护。而装裱形式多样丰富，即使同一类装裱形式也会出现不同的变化，每一件书画及其装裱的劣化情况又有所不同，所以必须综合考量画心和原装裱的具体情况，制定最为安全、合理、有效的修复方案。本案例为一色对联挂轴的修复。为使脆弱的文物在修复后有更好的强度（挂轴在展挂时，纸绢要有一定的强度才能承受挂轴的整体重量），延长其寿命，便于展示与研究，我们通过对画心与裱绫的材质、病害状况、原装裱特点的分析研究，决定保留原装裱的花绫，而老化酥脆严重、无法再起支撑和保护作用的原覆背与原包首均不保留。针对画心与裱绫清洗所用水温的不同，以及前者需去除原托纸，而后者保留原托纸等修复方法的不同，我们采用分离画心与装裱，分别进行修复后再组合的方案。为使新配包首和覆背与原裱绫的古旧气息相协调，进行了适当的染色做旧，最终使该文物的修复还原取得理想的效果。

图 7-27　修复后

思考题

1. 根据案例“吴昌硕篆书对联保留原裱绫的修复”，撰写出脉络清晰的文章。

第二节　上海博物馆藏明代《唐寅山水图》的修复

上海博物馆藏明代《唐寅山水图》是一幅小型的绢本设色文物，画心长45厘米，宽29厘米。画的内容为山水小景，以由近到远的视角勾勒出画面的整体布局，画风清隽潇洒，枯木枝干从左至右弯曲，向不同方向伸展，苍劲挺拔，画面中间清晰可见两人在小屋里闲谈交流，画面既真实又充满想象，远处山外云气缭绕，增添了雨后般幽旷恬静的清新氛围，是一件不可多得的作品。

此件《唐寅山水图》因年代久远，原画心与裱件存在不同程度的损坏，为方便文物的保存、展览和研究，需要对这件作品进行修复保护。

图7-28　修复前

一、文物现状说明

《唐寅山水图》为绢本画心，质地有不同程度的老化，并且有大面积的破洞、撕破、断裂、折痕、虫蛀、污迹，如不及时进行修复保护，存在继续劣化的风险（图7-28）。根据纸质文物、丝织品文物保护修复的管理规范和上海博物馆保护修复档案的记录要求，修复师先对文物的画心进行病害的分析。

图7-29　修复前（局部）

绢质画心老化发黄，画面折痕、破损严重。其中有7条折痕贯穿整个画心，其他折痕更是数不胜数。大大小小的破洞不计其数，另外还有各种不规则的虫蛀布满整个画心，其中画意部分的枝干处残缺严重（图7-29）。上方远景处的画意残缺也非常严重，右上方的字迹有不同程度的残缺，落款处的印章和左下角的印章也有严重的残缺，通过对画心的仔细观察，修复师还发现画心上有多处绢丝的经纬线和画意的方向不一致（图7-30）。

图7-30　修复前（局部）

二、修复方案的制定

制定修复方案是每一件文物开始修复前都必须做的工作，因每一件书画文物的破损程度不同，所以制定的修复方案也都不同。

这件《唐寅山水图》原裱件为镜片的装裱样式，画心严重破损，虫蛀和大小破洞布满画心。此件文物原先进行过一次修复装裱，是用整块旧绢作为补绢来托这张画心，但修复使用的旧补绢与原画心的绢丝有差异。画心表面很多地方还存在起空现象，破损处局部画心有重叠，画心本身已非常脆弱。虽然修补用的旧绢经纬线的绢丝有所差异，但是跟画心的包浆、光泽度和气息比较接近，而色度略淡于原画心，非常适合全色这一道工序，所以决定延用这块旧补绢。在对这块旧补绢仔细分析后修复师发现绢上有3块较大的后补绢。原来这块旧补绢也是有残缺的，而后补绢的经纬线与画心方向不一致，这才造成了之前看到画心存在以上所述的问题。

现制定的修复方案为保留原来的整块旧补绢，画心起空的地方全部补糨糊固定，揭去旧补绢上的后补绢并重新修补，最后再全色、接笔。此方案将更有利于此件文物的保护。

三、清洗

图 7-31　清洗后

此件《唐寅山水图》的画心为绢本，因年代久远，画心表面附着不同程度的污迹，因画面破损非常多，又比较脆弱，所以选用柔软的毛笔轻轻除去表面的灰尘，如顽固的污迹可用锋利的小刀轻轻刮去。这样挑刮好画心，做好清洗前的准备工作。首先用毛笔蘸清水在墨色的局部做一下稳定性测试，确保墨色稳定，不会遇水而化，然后开始清洗画心。先把画心正面朝上平放在桌面上，用排笔水淋，可以反复多淋几遍。因为清洗的一个作用是可以洗去一部分日积月累的灰尘和局部污迹，使画面干净明亮，另一个作用是让画心和托纸遇水，使原来糨糊的黏性稀释，更易分离，为接下来的揭裱做准备。随后用干毛巾将画面的水分逐渐吸干（图7-31）。

画心清洗完成后，准备好水油纸与薄糨糊，糊水油纸是不让破碎的绢画心移动。根据画面破旧的程度，掌握好刷水油纸用糨糊的厚度。水油纸糊好之后还要加两层宣纸做保护。因绢本材料和水油纸的韧性不同、拉力不同，为防止崩裂，一定要再加上两层宣纸保护好。将画心整件翻身，背面朝上放在裱画桌上，用棕刷刷平，让糊好水油纸的画心固定在裱画桌上，然后开始下一个步骤——揭画心（图7-32）。

图 7-32　揭画心前准备完毕

四、揭画心

揭去两层覆背纸，揭完后绢上还留下一层托纸。因之前观察到画心多处起空，所以决定先把整块托绢揭起来后在画心上补糨糊，补完糨糊之后再把托绢还原。揭的时候因单张绢太薄，绢的经纬线非常容易移动，所以绢上这层托纸暂不揭去，可以起到固定这张绢的作用。先把托绢逐步起空到一半的位置（图7-33），在画心处用羊毫毛笔补上调制好的浓糨糊，补完后再把托绢慢慢刷下去还原，另一半也是同样操作，等全部刷好后再用棕刷排紧实。之后，再把绢上托纸揭去，揭完后发现原托绢残缺的地方有3块后补绢，因后补绢的经纬线与原托绢的方向不一致，所以把3块后补绢全部揭去（图7-34），等待画面完全干透，就能进行下一步工作，修补洞口。

图 7-33　托绢起身一半

图 7-34　揭背纸、添糨完成后的画心

五、修补洞口

画面上有3个形状不规则的大洞、几十个小洞（图7-35），这些缺损的地方都需要精心修补，常用的方法为贴补法。贴补法是一个既省补绢材料，又有利于画心保护的方法，效果也非常好。先把之前方向不一致的破损细小画心用镊子对好方向，再在洞口处把杂乱多余的绢丝用锋利的小刀刮去。然后毛笔蘸上一点糨糊把洞口会移动的绢丝固定住，等干透之后就可以上补绢，每个洞口的补绢都要根

图 7-35　修补洞口前

图 7-36　修补洞口后

图 7-37　画心背面上糨

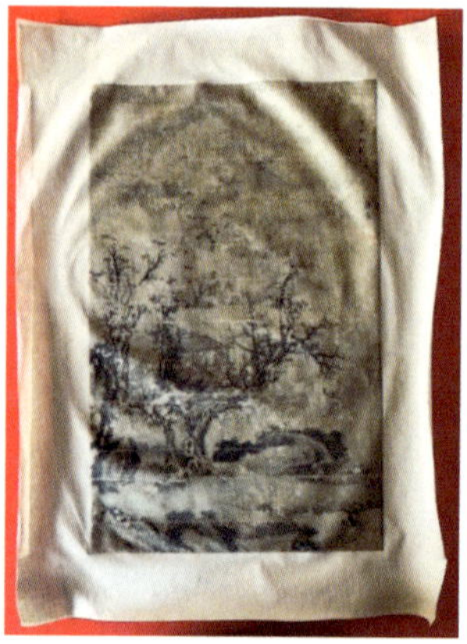

图 7-38　画心托好的状态

据画心的经纬丝对准。补好以后，边上起空的地方可以用涂上糨糊的毛笔固定住。待干透之后，用锋利的小刀把洞口多余的补绢慢慢刮去，以刮平为好。如刀刮之处有绢丝移动，补绢处有起空情况，可再用毛笔补糨糊固定绢丝（图7–36）。

六、托画心

首先，要把画心裁切整齐，裁切的时候尤其要注意落款的位置，画意边上有无字体、重要的画意、印章等有价值的信息。托画心的时候，把事先备好染过色的托纸用排笔加清水整体润湿均匀，然后用调制好的糨糊直接刷在画的背面（图7–37）。同时，把托纸刷平在裱画桌上，再把画心刷在托纸上，翻过身再刷平，用白色助条纸隐在画心的四周，最后揭去水油纸和两层宣纸。揭水油纸的时候一定要轻，慢慢揭，防止把洞口的绢丝粘起来。去除水油纸之后，待画心完全干透（图7–38），就可以把画心贴在板上准备全色、接笔。

七、全色、接笔

全色、接笔是古书画修复五大工序中较为重要的一步，对修复师技艺要求比较高。因为此工序直接影响最后的书画展陈效果。全色、接笔就是在画意的残缺处，根据画意用颜色补全，和画意保持协调一致。全色使用的颜色为天然矿物质和植物颜料。这张《唐寅山水图》画面上有多处大小破洞，先全底色，然后依洞口从小到大的顺序慢慢全色，全色的时候要随时观察画意的色调变化，不断调整毛笔的水分干湿，从浅到深，一遍一遍上色，直到和画意一致为止。一定要仔细观察，切不可“全”得比画意深。接笔也是一样，根据画意，此件作品画意缺损处主要在部分树枝树干，而原画意的树枝树干信息较多，可根据原画意保留的信息来接笔。如树枝的枝干断口处（图7–39），就可以连接起来，接笔要尽量和原来的笔意保持一致（图7–40、图7–41）。

八、总结

此件《唐寅山水图》原画面破损严重，折断折痕等各种问题非常多，特别是画心表面3块较大的后补绢经纬线没有对齐。经过精心修复，画面协调一致，原旧补绢选择沿用。在全色、接笔后，作品无论是气息，还是绢丝光泽度和色度都保持高度融合，画面焕发出新的活力，修复后效果基本令人满意（图7-42）。

此件文物的修复，严格按照书画修复“最小干预”原则来操作，整块旧补绢的沿用对文物“最大信息保留”具有现实意义，操作起来是可行的。最后装裱形式选用册页形式，打开的时候可以展出，合起来又可以保护画心，对此件文物起到了合理的保护作用。

图7-39　全色、接笔前

图7-40　全色、接笔前（局部）

图7-41　全色、接笔后（局部）

图7-42　修复后

思考题

1. 参考上海博物馆藏明代《唐寅山水画》的修复案例，撰写一份修复报告。

第三节　特制绢地书画作品修复——以清代莫晋绢本书法立轴为例

中国书画作品主要以纸、绢为基底材，但生纸、绢落墨易洇化，为了便于书写，书画家会对其进行再次加工，以提高抗水性。随着历代加工技术的发展，在改善书写性能的基础上，各种装饰美化工艺层出不穷，比如染色、涂布、上蜡、研光、洒金、描金、印花、描花等。出现在古文献记载中的，多为各类华丽美观的加工纸，有关特制绢的记载却是凤毛麟角。画绢的再加工长久以来一直以染色与上胶矾水为主，到明清时期，加工技术有了突破与发展，粉笺的加工工艺被运用到画绢上。特别是清代，为满足宫廷御用的需求，此项技术不断精进，康雍乾三朝为宫廷特制的内府库绢，上粉、染色、洒金、描花等加工工艺水准达到了巅峰。特制绢因其华美高贵，深受帝王、贵胄和权臣喜爱，为之挥毫的往往为精品力作。流传至今，这些作品如出现严重的劣损残缺，其修复首先面临的难题是补绢稀缺。因特制绢大多为进贡，制作工艺烦琐，产量低，存世稀少，要找到相同或接近的绢料极为困难；如没有合适的修复材料，修复效果必然受到影响。本案中的修复对象：上海博物馆藏清代莫晋绢本书法立轴（图7–43），即是件创作于特制绢上的书法作品。为解决没有类似补绢的问题，修复师修复前对原绢加工材料的成分做了科学检测分析，并据此在修复中选用最合适的材料模仿出与原绢相近的效果，以实现完美修复的目标。

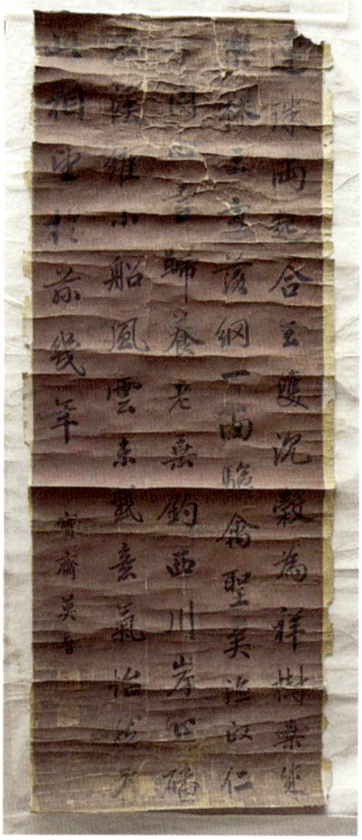

图 7–43　修复前

此件文物为莫晋行书作品，莫晋（1761—1826），浙江会稽（今绍兴）人，字锡三，一字裴舟，号宝斋。乾隆六十年（1795）进士，钦赐榜眼一甲二名，历国史馆纂修、侍讲、侍读、督江苏学政、左副都御史、仓场侍郎，道光初，迁内阁学士。此作品内容是书写南北朝庾信《自古圣帝名贤画赞》，落款“宝斋莫晋”，其下粘贴两方宣纸印，白文“莫晋之印”，朱文“宝斋”，右上角有一印章模糊难辨，经高光谱图像系统分析为白文印“和以天睨”。原装裱缺失，只剩部分裱边，画心绢地为一种特制加工绢，纵120厘米，横45厘米，表面有经过涂布染色（现为暗紫色），并勾描极为精细的云纹作底（图7–44），其上有规律地分布蝙蝠纹与团形“寿”字纹，寓意“福寿吉祥”，从勾描纹饰的工细精美程度看接近宫廷库绢水准。不过画心断裂残破严重，亟须修复保护。

图 7–44　云纹

一、主要病害

此件文物保存状况极差，原装裱残缺严重，仅残留部分裱边，故无法判断原裱样式。残存裱边直接正镶于画心边上，表面只剩一层纸，原有绫、绢已经缺失。经仔细观察，画心上有部分小洞经过修补，补绢与画心质地接近，因此判断本件不是最初装裱，应已有过修复重装，但多数面积较大的洞未做修补，推测可能没有更多同类补绢用于修复。

画心的主要病害情况如下。

（一）撕裂与断痕

画心上部和右侧边有多处撕裂，最严重一条从顶部往下撕开20厘米，再斜着往右下方撕开30厘米（图7–45），撕裂处的背面以几张广告标签纸简单地粘贴固定（图7–46）。

图 7–45　撕裂

图 7–46　原背面加固纸

画心绢质老化发脆，整体布满断痕，上下部断痕尤为密集，更有多条断痕横向贯通画心。

（二）残缺

画心右上角“连”字处残缺（图7–47）。在断痕和撕裂处有因磨损和绢质脆化掉落造成的残缺。画心下部有多处残缺，可以看出在之前修复时残破已较为严重，但因缺少补绢而未能修补（图7–48）。两方宣纸印有残缺和起空（图7–49）。

图 7–47　残缺 1

图 7–48　残缺 2

（三）填充粉料脱落

本件画心有部分经纬线空隙中的填充粉料脱落，露出下层浅色托纸，较严重处布满白点，犹如满天星（图7–50）。造成粉料脱落的原因有两点：一是因画心折断严重，在反复多次卷展后，断痕处磨损，绢丝表面和经纬线空隙中的粉料松动，导致脱落；而另一更重要的原因是之前的修复揭除了原托纸。此类特制绢的加工是先将绢小托，再上色粉浆涂布。由于此绢较稀疏，经纬线间的空隙较大，填料粉浆会透过空隙黏附在背面的托纸上。如在修复时将应该保留的原托纸揭除，有部分黏附在托纸上的填料会被带走，甚至留在填料上的墨迹也会被带下，墨色掉落严重的字迹会因此受损，失神模糊。

二、主要方案的制定

（一）选配补绢

检测分析表明，画心为双绞丝绢，经线为双丝，纬线为单丝，组织结构比较稀疏，空隙较大，经线双丝50根／厘米，纬线单丝26根／厘米（图7-51）。

本件文物用绢特殊，没有找到与画心用绢的组织结构、涂布工艺、颜色完全一致或接近的补绢，只能采用与画心组织结构相接近的旧双绞丝绢作为补绢，其经线双丝44根／厘米，纬线单丝26根／厘米（图7-52）。

（二）修补粉料老化试验

通过检测分析可知，填充粉料主要成分为铅白。铅白是中国古代的一种常用绘画颜料，也是清代粉蜡笺加工及库绢加工的主要材料之一。但铅白接触硫化氢气体，会生成黑色的硫化铅，古画中因使用铅白而发黑的情况相当普遍，用铅白加工的清代粉蜡笺也有大面积发黑的情况，这一现象俗称“泛铅”。由于铅白受自然环境的影响易变色，不稳定，因此已基本被淘汰出中国画颜料。查阅文献可知：浙江图书馆藏北魏写经纸经检测发现以瓷土作为涂布材料；中国国家图书馆藏隋唐时期敦煌藏经洞古卷残片样品检测发现，瓷土为主要涂布材料；宋代苏州产的粉笺纸是以当地开采的瓷土作为涂布材料。又有研究报告指出，清代康熙年间的冷金笺使用的涂布材料为高岭土。由此可知，从早期古纸到清代的宫廷加工纸，瓷土和高岭土是重要的涂布材料，而绢与纸的涂布加工工艺又存在共通性，有着相互影响、工序类同的特点，所以试将瓷土和高岭土代替铅白作为本次绢本修复的涂布材料。

为证实瓷土和高岭土代替铅白的合理性，我们分别将铅白、瓷土、高岭土、50%瓷土+50%高岭土的混料与3%浓度的牛骨胶溶液混合后涂布在托好的耿绢表面做模拟老化实验（见表7-1），老化条件为温度60摄

图 7-49　印章

图 7-50　填充粉料脱落

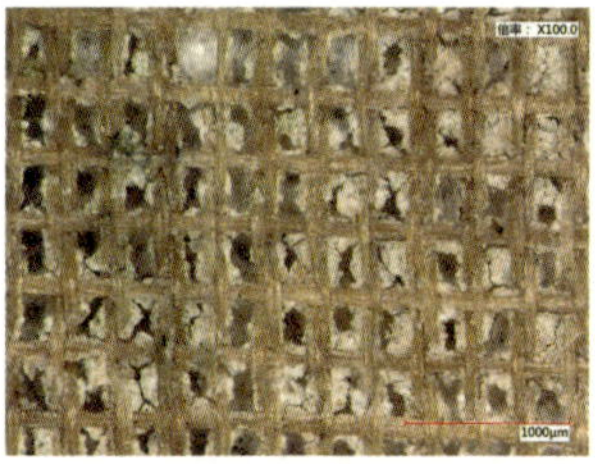

图 7-51　画心绢显微图像

图 7-52　补绢显微图像

氏度，相对湿度80%，用时64小时，用CM-2300d分光测色计记录老化前后颜色变化。从表7-1数据可见：未涂布绢面的颜色变化最大，发黄明显；碱铅白也有较明显发黄；高岭土颜色变化最小；瓷土和瓷土高岭土混料次之，肉眼观察都只略微发黄（图7-53）。实验结果说明瓷土和高岭土比铅白稳定，可以代替铅白作为修复的涂布材料。

表 7-1：填充材料老化前后颜色变化

名称	未涂布绢面	铅白	瓷土	高岭土	50% 瓷土 +50% 高岭土
颜色变化（⊿E）	14.67	9.55	7.27	4.51	5.98

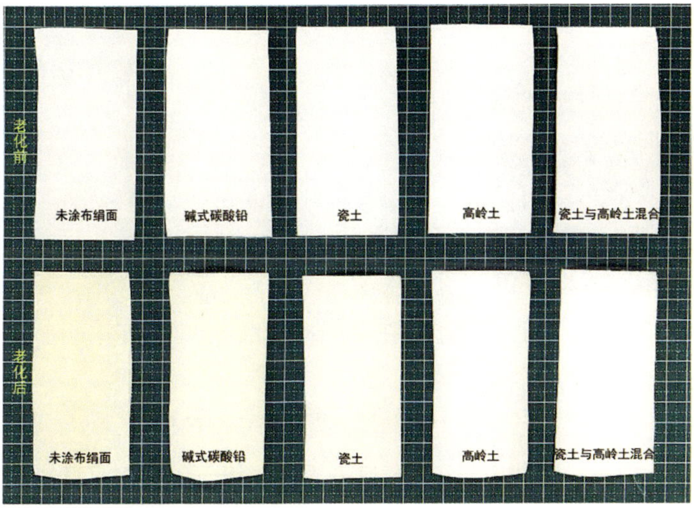

图 7-53　填充材料老化前后颜色变化

（三）确定画心修复方案

根据本件文物特点，在确定瓷土与高岭土皆可作为本次修复的涂布填充材料的基础上，先制定出两种画心修复方案。第一种是先进行补绢小托、涂粉料、染色等工序，然后用仿制出的补绢修补画心，画心小托后，颜色不足处再全色。但之前修复所用托纸颜色过浅，使画心透出托纸底色，本次修复必须揭除托纸再进行修补；小托过的补绢因多一层纸会比画心略厚，接口处也较难做平，而如将补绢的托纸再揭除，新上的填料会被一起带走。再者，新做补绢涂布层必定均匀一致，无法根据画心洞口周围的斑驳情况来调整粉浆厚度。第二种是先用补绢修补画心，在画心小托后，修补部分的正面上粉料，再全色。此方案可使修补部分与画心厚度一致，平整均匀，并且上粉料的厚薄、疏密可根据残破处周围画心的情况灵活调整。因此，最后决定采用第二种修复方案。

三、主要修复过程

（一）去除原镶边

本件原裱画心与镶料之间没有镶助条，是裱边直接正镶于画心边上；重新修复装裱不能将画心上的镶口简单地裁切掉，而应遵循“文物最大信息保留”原则，将镶边揭除，以完整保留画心原尺寸。因镶接口用糊较厚，用羊毫笔蘸清水润湿镶边，待糊性软化后，用小刀小心地将镶接在画心上的纸边刮去（图7–54）。

图 7–54　去除原镶边

（二）染托纸

因之前修复所用托纸颜色过浅，使填料脱落的空隙中透出点点白色，俗称“露底”。本次修复决定揭去托纸，而为避免再次出现“露底”现象，新配托纸必须染成色调、深浅与画心基本相近的颜色。

（三）清洗与暂时性加固

因画心为特制绢，不可用高温热水清洗，整个清洗过程采用常温水。清洗前先将粘贴在裂缝背面的广告纸揭除，以便清洗画心时可充分舒展，便于将裂缝重新拼对。由于画心撕裂、断痕严重，清洗时下面垫衬化纤纸保护，以确保清洗与加固完成后能将画心安全抬起移走。画心填料涂层较厚，抗水性强，需逐步润湿，使其缓慢吸湿舒展，再将撕裂处错位的绢丝拼正（图7–55）。淋洗画心的水量要适中，力度要柔和，使表面尘垢随水浮起，缓慢排出，直到表面洁净。

图 7–55　拼正撕裂处

用传统糊水油纸法对画心正面做暂时性加固（图7–56），以固定和保护绢丝，使其在之后的修

图 7–56　画心正面加固保护

补中不会移动。因两方印章为贴于绢上的宣纸印，上水油纸前在印章上衬以相同大小的宣纸作保护，将其与水油纸上的糨糊层隔开。完成正面加固后，整体起身翻转刷实在案上。

（四）揭覆背与托纸

原覆背为两层，外层为宣纸，内层为黄色竹料纸，须逐层揭除覆背纸（图7–57）。因画心撕破、断裂严重，多处呈小块碎片状，揭托纸时需特别小心，避免将裂口不慎带起造成绢丝损伤，应尽可能用镊子小块地揭除。

之前修复有部分断成碎片的绢拼接较乱，经纬丝错位，本次在托纸完全揭除后，将其重新拼正。几处用原绢修补的小洞保留原补，但需揭开补绢，理正洞口绢丝，上糨糊后归位还原。

图 7–57　原托纸层与覆背层

（五）修补残缺

传统绢本书画修复有“贴补”“斩补”“嵌补”“整绢托补”4种方法。考量本次修复，后3种方法因有不同程度的欠缺，不予采用。本件画心修复采用既节省补材、不损画心，又能达到牢固平整效果的贴补法。将补绢与画心经纬线相对应平铺于残缺位置，勾勒出略大于残缺处的形状，剪裁补绢，随后在残缺位置上糨糊，补绢贴补其上，经纬对应，待干后用锋利小刀对补口重合的多余部分做刮口修整，使补处平合。

画心的撕裂和断裂处会因磨损形成无法拼合的不规则细缝，本件中这类长短不一的细缝尤为严重，布满整个画心（图7–58）。用染成与画心颜色接近的薄稀绢裁成细条，补于细缝处（7–59）。

图 7–58　画心背面修补前（局部）

图 7–59　画心背面修补后（局部）

（六）小托

将补好的画心连暂时加固层一起从桌上起身，裁去贴边；再将托纸均匀湿润，画心背面上糨糊，上托纸刷实，四边隐上助条；然后整体翻身，揭去画心正面的水油纸。

（七）上粉、全色、接笔

本件画心为经过色粉浆涂布加工的特制绢，根据修复前的实验结果，采用瓷土和高岭土代替铅白对修补处进行上粉。在正式上粉前，先分别在画心角落处的小洞上做瓷土和高岭土上粉效果试验。发现上粉后再经过全色，瓷土的光泽比画心略强，而高岭土略暗。再将两种粉料按不同比例混合试验后，发现用60%瓷土与40%高岭土混合后上粉，再经过全色，修补处的光泽感与画心最为接近，故采用此比例的混合料上粉。本件绢本颜色为暗紫色，在混合粉浆中调入胭脂色作为粉料底色，上粉只针对用绢补出的部分，以及断痕和裂缝处有较严重磨损残缺的部分。部分绢丝间因填料脱落留下的小孔洞不做填补，因新配的托纸已很好地解决了“露底”问题，就不再过多干预。

待粉料干透后，根据画心底色，用胭脂、曙红、藤黄、墨调配合适的颜色，由浅至深层层上色。虽然此类加工绢是通过多遍涂刷调入颜色的粉浆制作而成，但在修复中，通过直接上色粉浆无法做到修补处的颜色与画心底色完全一致。采用先上粉再全色的方法，可以使修补部分的颜色逐渐接近周围画心的颜色，最后达到修补处隐藏于整体画面中的理想效果。

虽然本件文物没有文字内容的缺失和字迹结构的残缺，但断口磨损和填料脱落形成的墨色局部缺损，也影响到作品墨迹的完整性，需进行一定程度的接笔。而考虑此类绢本书法残损情况的特殊性，需将墨色磨损脱落的程度与作品整体的古旧气息结合起来综合考量，以保证接补要达到的效果，确保修复后的书法作品既体现完整性又保持自然，避免呆板。本件墨迹的残缺主要为两种情况：一种是因断裂严重，造成墨迹在断口处的磨损和绢组织小片断落缺失，形成横竖向的隙缝状残缺和部分字迹笔画的断开；另一种是因填料脱落，造成墨迹有孔点状缺失。补接前必须仔细研究每字的缺损现状和作品的整体气息，接补时用放大镜观察墨迹，分清绢丝空隙中的缺墨是填料脱落，还是绢纹稀疏而使书写的墨色没覆盖到，并整体分析需要接补的程度，然后在放大镜下用极细狼毫笔对脱落造成的缺墨进行填补，再对断口和隙缝处进行接补，并且需注意每字书写墨色的微妙变化。本件有两字墨色脱落较为严重，一个是“树”字左下部，另一个是“有”字，虽然字形轮廓尚在，但墨色的脱落导致墨迹失神模糊。对此类缺损过多的字的墨色填补，即使补全后字形完整，但墨色中微妙的行笔痕迹和行书书写的韵律感往往难以达到，因此此步骤中不进行过多干预，使其保持原状，以保留残损的自然状态。最后对宣纸印章起空处添糊加固，补全残缺，再全色，使之完整（图7-60、图7-61）。

图 7-60　上粉、全色、接笔前后对比

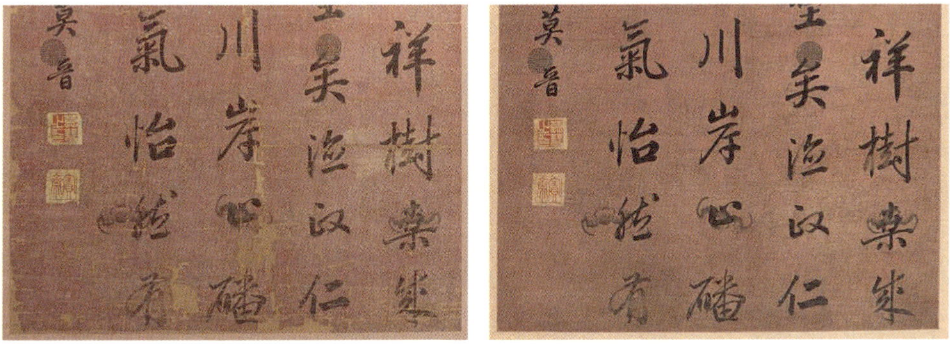

图 7-61　上粉、全色、接笔前后对比

（八）完成装裱

本件文物原装裱缺失，在画心修复后装裱成传统的两色立轴式样。画心为暗紫色，颜色较深，故将天地花绫染成深青色，以加强稳重感，圈框染配颜色略淡，色调与画心接近的耿绢整挖画心。为避免断痕再次出现，在画心背面对每条断痕贴条加固。最后经过覆背、上墙、下墙、砑背、安装天地杆，整个装裱工序完成（图 7-62）。

中国传统纸、绢的加工工艺有着千年的发展历史，历代均出现过丰富的特制纸、绢品种。但随着朝代的更替、社会的变迁、需求量的减少，那些历史上著名的纸、绢生产工艺也随之消失。如今，众多品种的纸绢原样早已稀有难觅，如要修复此类材质的书画作品，相同材料的短缺会影响到修复的效果。因此特制绢地的书画作品修复历来是一大难题，修复者既困于材料的特殊性与稀缺性，又缺少特制绢加工工艺的文献记载作为参考，如寻觅不到同类补绢，则较难实现理想的修复效果。本件清代莫晋绢本书法立轴的画心即为特制加工绢，工艺精湛，颜色独特，无法找到与之质地、颜色相同或接近的补绢。为了突破此类特制绢修复的技术难点，我们开展了如下工作：在修复前对表面涂层进行检测分析，查阅传统古纸加工的文献记载和科学研究报告，并结合对材料的科学老化实验，最终确定瓷土和高岭土可作为本次修复的涂布材料；通过对两种修复方案的比较，确定最佳修复方案；根据上粉效果试验，确定瓷土和高岭土的混合比例；又通过对缺失墨迹接补程度的把握等一步步地探索研究，最后取得较为理想的效果。特殊质地的纸、绢文物还有更多古法工艺的秘密有待解开，希望本案例能为同类质地的书画文物的修复提供启发、借鉴与帮助。

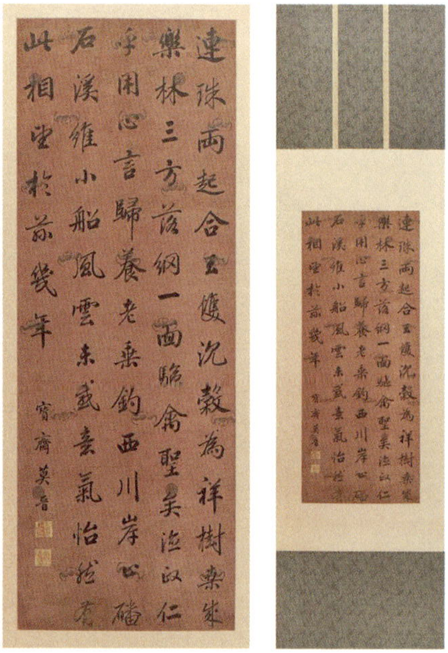

图 7-62　修复后效果

论述题

1.参考“特制绢地书画作品修复——以清代莫晋绢本书法立轴为例”案例，撰写出清晰的修复报告。

2.梳理专业所学知识，谈谈绢本书画的修复方法，并具体呈现修复思路。

第四节　明清转边手卷镶接工艺探究——以《明仿米芾行书明道观壁记卷》为例

中国书画的收藏与展示多以独特的卷轴形式呈现，根据作品的纵横尺寸和收藏展示需要，卷轴的装裱又分为手卷、立轴与横披三大类，其中手卷是中国传统装裱形式中最早出现与发展起来的，并直接或间接地影响了立轴形式的产生与演变。手卷作品以横长画心从右至左进行书画创作和边展边卷欣赏的特点是竹木简形制的遗续。手卷装裱从最初只是将数纸粘接或者简单托褙的长卷式经卷和书卷，历经从晋至清千年的发展，形成了撞边手卷（亦称碰边手卷）、套边手卷（亦称包边手卷或沿边手卷）和转边手卷（亦称绢折边手卷）三种经典样式。其中转边手卷样式出现于明代，形成了挖嵌式与镶接式两种不同工艺（为了便于阐述，下文且分别称其为挖嵌式转边手卷和镶接式转边手卷）。两种工艺装裱后所呈现的效果相同，但后者比前者更节省绢料，因此可发现流传至今的清代至民国时期的转边手卷大多为镶接式装裱工艺。由于镶接式转边手卷工序烦琐复杂、技术难度较大，装裱工艺的传承在当代逐渐式微，已面临失传的危险。

本节以上海博物馆藏《明仿米芾行书明道观壁记卷》转边手卷的修复重裱为例，对原裱用料、配色、镶接工艺等进行研究，原尺寸恢复其原本镶接式转边手卷样式，旨在研究、保护和传承古人优秀的传统技艺。

一、转边手卷的主要特点

手卷形制经过一千多年的发展，至清代已基本定型，从右端起首至尾的基本组成结构依次是天头、副隔水、正隔水、引首、正隔水、画心、正隔水、题跋、正隔水、拖尾，这个顺序固定不变，样式的区分主要是在边的处理上。

三种经典样式中，套边手卷和撞边手卷皆为在手卷的上下边镶接相同宽度的棕色小边作为装饰与保护：套边手卷的小边为单层薄竹料纸或薄皮纸，从手卷的第一个正隔水开始，包于上下边直到末端；撞边手卷是现今手卷装裱中最常用的样式，小边为双层，可以是绢加托一层极薄皮纸或扎花，也可以是薄皮纸加托一层扎花，小边也是从手卷的第一个正隔水开始镶接至末端，做法是将小边镶于手卷边口的反面，然后向正面粘折，并使小边的边口与助条的边口相碰不重叠。

转边手卷不同于以上两种，此种样式的出现是因为引首、画心（一幅或多幅）、题跋等各部分宽度不统一，但要装裱在一个手卷上，所以古人在借鉴立轴镶接工艺的基础上创造出了将手卷各部分依次镶嵌于统一宽度的长条绫绢内，再将绫绢上下边口向反面粘折的镶接工艺。转边手卷以最宽的画心（或引首、题跋等）来决定装裱后手卷的总高度，因此上下边宽度不是统一的，并且引首、画心、题跋等各部分的上下边宽度按照传统挖嵌式装裱的审美标准以6:4的比例区分。

传统转边手卷的镶接工艺有两种：一种为绫绢挖嵌式，挖嵌的方法如同装裱立轴，依次将方裁过的引首、画心、拖尾等部分摆放在裁正的绫绢上，并空开一定距离作为隔水，然后进行挖嵌镶接。但因手卷的长度关系，需要两到三段绢料进行拼接，为使接缝不显眼，拼接处不可压镶，而是用攒缝法碰缝连接，并将接缝置于边上，以达到犹如一整块绢料挖嵌的效果。另一种为绫绢镶接式，是将经过精准裁切的上下边料、隔水与手卷的拖尾、画心、引首等各部分依次镶接，绢料间的接缝用攒缝法连接做出假挖的效果。此工艺相较前者大为节省绢料，故存世的清代至民国的转边手卷多为镶接式做法。

二、《明仿米芾行书明道观壁记卷》修复装裱前状况

《明仿米芾行书明道观壁记卷》为上海博物馆馆藏三级文物（图7-63），画心长220.5厘米，宽33.3厘米，米芾书法为明人仿作，画心前后各镶有一块老隔水，为牡丹纹黄色缎面，宽8.5厘米，高33.8厘米。引首长103.0厘米，宽33.3厘米，左下角有两白文印“周栎园氏”“钟山通客”，前镶一块老隔水，为黄色花绫，宽10.0厘米，高33.8厘米，左下角有两白文印“毕沅之印”“邦怀珍藏”。卷后有题跋，长106.5厘米，高27.5厘米，书者有明代文人彭年，明末清初文人顾大申、宋实颖、王士禄、宋琬，左下角有朱文“周氏元亮”与白文“云林栎老”印，题跋后镶一块老隔水，为黄色花绫，宽10厘米，高28厘米，右下角有一朱文印“灵岩山人秘笈之章”。引首、画心、题跋前后连接的总共四块老隔水可能为最初装裱之物，测量的尺寸均包含被绢料压住的镶缝部分。此件为镶接式转边手卷样式，虽不是初裱，但也是清代裱工。由于装裱的用糊问题及保存原因，手卷镶料已大面积起空，包首脱落，天头、正副隔水及大部分绢边皆已和覆背分离，有多条边缺失，画心、引首、题跋、拖尾也有部分起空翘起，此现状已严重影响到文物的收藏保存和展示研究，亟须修复重装。此件文物要求修复后在尺寸、配色与形制上按照原转边手卷样式装裱。

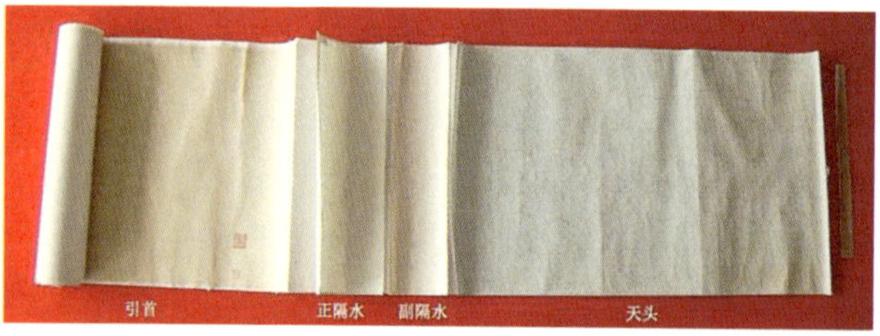

① 天头到引首部分

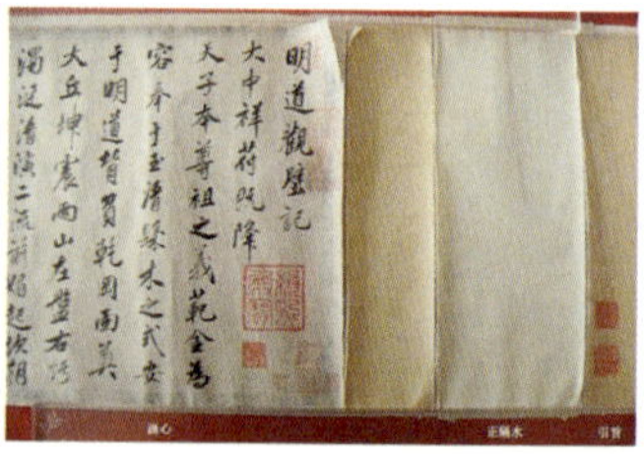

② 画心首部

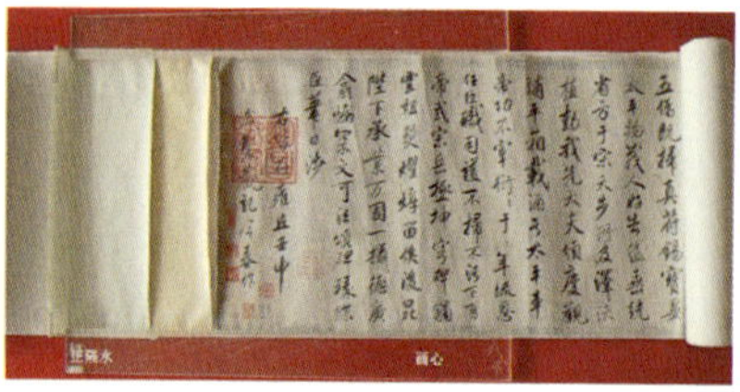

③ 画心尾部

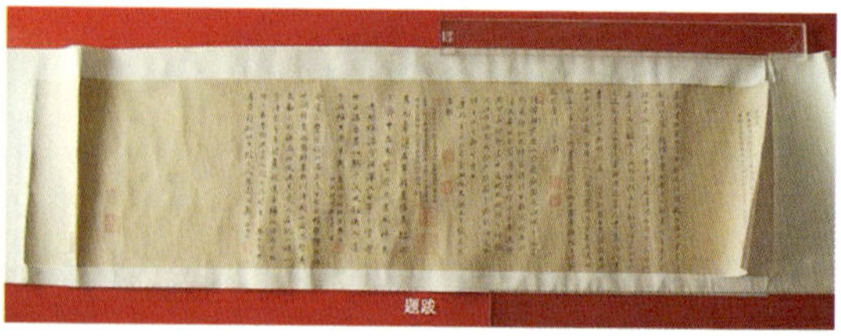

④ 题跋

图 7-63 修复前

三、原装裱研究分析

（一）原装裱尺寸

此件手卷的引首和画心的宽度一致，题跋的宽度较窄，因此被装裱成转边手卷。本次修复重装需原尺寸还原转边手卷样式，因此需对原装裱镶料尺寸进行测量记录。

经过测量，原装裱手卷高35.1厘米，长970.0厘米，转边宽0.3厘米，天头长57.0厘米，副隔水宽9.6厘米，正隔水宽14.0厘米，引首、画心、拖尾的上下边料分别宽1.0厘米和0.6厘米，题跋的上下边料分别宽4.6厘米和2.8厘米，经过计算得出上下边料宽度的比例约为6.2∶3.8，接近传统装裱中的六四分上下的比例关系，也更接近于黄金分割比例。

（二）用料与配色

原装裱手卷通体用卵白色耿绢镶接，天头为淡湖青色团龙纹花绫，比耿绢颜色略深，副隔水用暖色调的淡肉色团龙纹花绫来衔接湖青色天头与卵青色正隔水，使装裱配色整体恬淡静怡、古雅质朴，这样的绫绢配色是明清转边手卷的一种特色。明清文人崇尚平淡天真的审美意趣，故在卷轴配色上追求淡、雅、柔、古的特点，装裱的用料上多以素纹的耿绢与暗花纹的绫来搭配，以示含蓄之美，较少用繁花重色的锦缎，只以手卷的包首或立轴上的锦眉使用锦点到为止，以显精致尊贵。本次重裱亦使用耿绢与花绫作为镶料，按原裱色调染色，以求恢复原装裱的古雅气息。

（三）镶接工艺探究

原裱手卷的镶接缝大面积地起空（图7–64），因为发现引首、画心、题跋、拖尾部位的上下两边在接近隔水处都有接缝，所以判断为镶接式转边手卷。如果它是挖嵌式转边手卷，就不可能从引首开始的每段接近正隔水的边上都有接缝。接缝的位置和数量是区分这两种工艺的依据，也是镶接式远比挖嵌式工序复杂、技术难度大的原因。原裱天头与副隔水、副隔水与正隔水之间为常规的叠压式镶缝，而从正隔水之后的所有绢料之间的接缝都为碰缝，并且碰缝位置必须在边上，这也使得每个正隔水都要根据各自连接部位的尺寸进行精准挖裁，然后才能与边镶接。从已经起空的碰缝处背面可见有0.3厘米宽的纸条，其作用是在背面对接缝进行连接与加固，而使正面不易发现接缝，这就是古人创造的攒缝法镶接工艺，它是转边手卷，尤其是镶接式转边手卷的关键技术。攒缝法镶接的方法是将两边绢料对准并重叠3厘米左右后，用利刃依尺在重叠部分的中间垂直于经线裁切，再将上下多余的绢料移走，拼准切缝，并在拼缝背面贴纸条加固。这样正面平整，接缝不易被察觉，可使最后完成的镶接效果如同整绢挖嵌。

图 7-64　原装裱接缝起空

（四）加固条厚度

揭下已起空的原装裱加固纸条和正隔水，以测量两者的厚度及计算两者之间厚度的比例关系，为之后手卷重装的镶料选配提供参考数据。

用台湾产Wee数显千分测厚规测得加固纸条厚度为0.084毫米，正隔水厚度平均值为0.123毫米，由此计算得出两者的厚度比接近2∶3。在对加固条仔细观察和触摸后，我们判断不像是单层纸；当加固条被润湿后，能够将其揭开分为两层，因此确定原装裱使用的加固条是由两层薄纸托成。

试验用两层汪六吉净皮扎花相托，用2.5尺（约83厘米）门幅的白色耿绢加托一层红星五尺棉料单宣，经测厚规测得厚度平均值分别是0.087毫米和0.127毫米，测得的数值及两者间的厚度比与原装裱接近，可用于此手卷的重装。

（五）镶接工序关键点

镶接式转边手卷由于边与正隔水通过攒缝法连接，做出如整绢挖嵌的效果，因此镶接工序必定比挖嵌式做法要复杂，并要做到整个手卷从首至尾整齐一致。经过对原装裱的仔细研究分析，并结合手卷镶接工艺的基本要点和规律，我们分析推断出镶接式转边手卷镶接工序中的关键。

1.纸样。为使手卷所有部位镶接在一起后能做到整齐笔直，需要用一张裁正的长条形纸样衬在桌上作为镶接作直的依据，那么镶接式转边手卷的连接作直也必定要依靠纸样来达到。

2.镶接作直的方法。手卷镶接顺序通常是从尾至首，以裁正的下边口为准，依靠底下纸样进行依次连接；待全部连接完成后，再裁正上边口。此方法能使整个手卷整齐笔直。依此判断，镶接式转边手卷的连接也应该是遵循这样的方法，只是在连接前先要镶接上下边料，而且下边料需按预定尺寸裁正，镶接时严格做到镶缝宽度的一致，但上边料要比预定尺寸放宽一些，待整个手卷镶接完成后，再整体裁正上口。

3.正隔水的镶接方法。这是镶接式转边手卷镶接工艺的重点。从此件原装裱上可见起首第一个正隔水右边平直，左边上下出头，成“]”形，其余正隔水的左右边的上下皆出头，成“工”形（图7–65）。正隔水用攒缝法与上下边料镶接，因此需要精准挖裁才能与边料准确地碰缝连接。这就先要方裁比预计尺寸大的正隔水，以留出足够的空间进行挖裁和做攒缝法的镶接，而挖裁的方法必定是运用传统的作记挖裁的工艺。隔水挖裁成“]”和“工”形，是为了将接缝接在不显眼的边料上，通过攒缝法完成镶接后，整体犹如整绢挖嵌。当然为了隔水底边与前后两段连接准确，传统撞边手卷或套边手卷的正隔水镶接方法还是有借鉴之处，即在挖裁前先将隔水底边冒出于前后两段的底边进行摆放，待挖裁完成将两头镶接上后，再将冒出部分裁去。

图 7–65　原装裱正隔水

四、手卷镶接工序

原手卷引首、画心、题跋、拖尾、隔水经过修复托裱后，与按原装裱颜色染色的耿绢镶料、花绫天头与副隔水一同上墙贴平，待干后一起下墙，准备镶接。

（一）方裁

先裁正画心、引首、题跋等各部分，并留出助条的镶接口，再裁镶料。需注意的是：下绢边的宽度按原裱尺寸加上转边的宽度，必须一次裁正；上绢边的宽度要多放出2—3厘米，这是为了等整个手卷接好后再把上边一起裁齐；裁正隔水时，宽度在预计尺寸上多放出8—10厘米，高度多放出2—3厘米（图7–66）。

图 7-66　裁好的镶料、画心、引首、题跋等

（二）镶接边料

桌上放好纸样，在中间画出正隔水的位置作为定位标准。从手卷拖尾开始镶接（这跟撞边手卷镶接方法相同），两段拖尾依桌上纸样的下边缘为准摆正后镶接。然后镶上下绢边，镶缝要粗细一致，保证上下绢边笔直。因拖尾较长，需要两条绢边镶接，接缝用攒缝法连接，绢边镶到整个拖尾右端头上时，留3厘米左右不贴住，以便之后用攒缝法镶接隔水。

题跋先镶上黄绫老隔水，再镶上下绢边，方法同上，左右两头留3厘米的绢边不贴住。

（三）镶接正隔水

拖尾段在左，题跋段在右，依纸样空开隔水的宽度放准。将正隔水放于两段下方的中间位置，上边口对齐，下口露出头。在隔水两边的拖尾与题跋的镶缝位置用针锥扎眼做记号，然后以针眼为准挖裁。拖尾与题跋的镶缝处上糨糊后，将正隔水镶上，再用攒缝法连接上下边与隔水之间的接缝，最后裁去隔水下口露出的多余部分，完成一个正隔水的镶接。

（四）裁齐上边口

按照以上方法依此镶接画心、引首和其余三个正隔水，最后镶接副隔水与天头。然后卷起手卷，墩齐下边后横放于桌面，以预计手卷高度为基础留出转边的宽度打通天眼（图7-67），根据针眼的位置将上边多留的部分裁去，使整个手卷上下边一样整齐。

图 7-67　打通天眼

（五）转边

转边手卷有两种转边方法。一种与立轴的转边方法相同，墩齐卷起的手卷，在靠近上下边口3毫米处打通天眼，使针眼从首至尾都在一条直线上，然后依针眼位置画线转边。另一种是在短尺上粘贴小段纸样，纸样露出尺边部分的宽度与转边宽度一致，将纸样对齐手卷边口，依尺逐段画线转边。本案选用了前一种方法完成手卷转边，至此整个手卷的镶接工序完成（图7-68）。

五、总结

手卷装裱技艺是中国传统书画装裱中工序最为复杂、技术难度最高的一类，要做好、做精一个手卷，需要装裱师具有高超的技艺与多年的经验。手卷的三种经典样式是古人智慧与传统审美的结晶，对手卷样式的把握也体现出古人对作品的理解，古人会根据作品的特点来决定装裱的样式，留传至今的大量手卷装裱实物给予了我们宝贵的学习与借鉴的样本。在当下，手卷作品较多装裱成撞边手卷，其次是套边手卷，即使手卷各部分的宽度有差别，也会通过技术手段将其做到等宽，最后装裱成前两种样式。转边手卷样式的两种装裱工艺中，挖嵌式做法相对来说还可见到，但在明清及民国时期流行的镶接式做法已濒临失传。为了更好地保护与传承优秀的传统装裱技艺，使其能得到延续，笔者通过研究原装裱，尝试复原传统镶接式转边手卷工艺，并撰文记录。

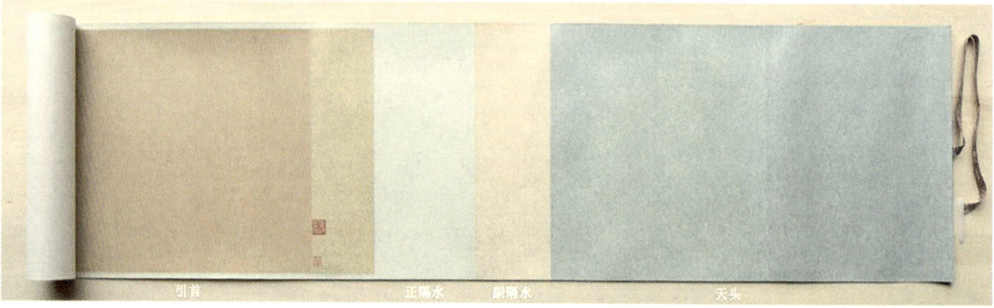

① 天头到引首部分

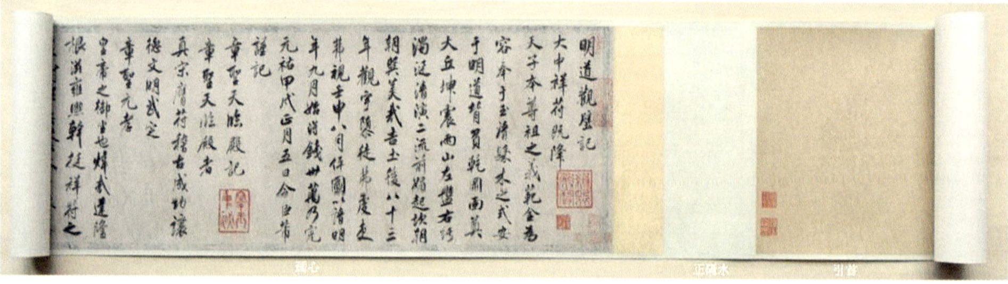

② 引首到画心部分

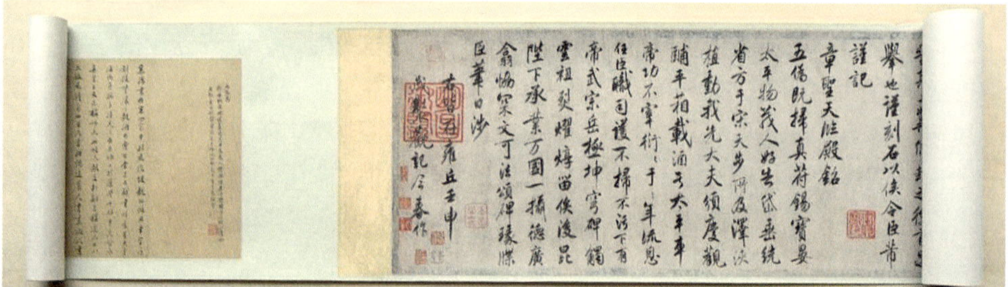

③ 画心尾部到题跋部分

④ 整体

图 7-68 手卷修复后

思考题

1. 根据上述案例，简述明清转边手卷的镶接工艺。

拓展阅读

[1]《书画装潢学》，杜子熊，上海书画出版社，1986
[2]《书画装池之美》，刘芳如，台北故宫博物院，2008
[3]《文物保存环境概论》，郭宏，科学出版社，2001
[4]《书画装潢学》，杜子熊，上海书画出版社，1986
[5]《几种具有清代纪年信息的纸张》，吴春燕，《故宫博物院院刊》，2007
[6]《明清书画的材料、装裱与鉴定》，李本明，南方文物，2001
[7]《故宫博物院藏文物珍品大系：文房四宝・纸砚》，张淑芬，上海科学技术出版社，2005
[8]《明清进士录》，潘荣胜，中华书局，2006
[9]《成亲王行书对联的修复》，沈骅，《文物保护与考古科学》，2014
[10]《高光谱图像系统应用于模糊印章的提取研究》，周新光、沈骅、吴来明，《文物保护与考古科学》，2020
[11]《略述中国古旧绢本书画的修复》，诸品芳，《文物保护与考古科学》，2007
[12]《豆浆水在中国书画修复中应用性能研究》，徐文娟、诸品芳，《文物保护与考古科学》，2012
[13]《书画修复用宣纸性能的研究》，徐文娟、吴来明、裔传臻、陈刚，《文物保护与考古科学》，2016

参考文献

[1] 杜子熊 . 中国书画装裱 [M]. 上海：上海书画出版社，1980.
[2] 故宫博物院修复厂裱画组 . 书画的装裱与修复 [M]. 北京：文物出版社，1981.
[3] 谢友生 . 书画装裱技法 [M]. 北京：人民美术出版社，1981.
[4] 冯鹏生 . 中国书画装裱概说 [M].2 版 . 上海：上海人民美术出版社，1982.
[5] 唐昭钰 . 中国书画装裱技法 [M]. 合肥：黄山书社，1990.
[6] 刘珀 . 书画装裱艺术 [M]. 天津：天津杨柳青画社，1993.
[7] 冯增木 . 中国书画装裱 [M]. 济南：山东科学技术出版社，1993.
[8] 杜秉庄，杜子熊 . 书画装裱技艺辑释 [M]. 上海：上海书画出版社，1993.
[9]Lacey J. Allergy and allergic disease [M]. London：Black Science，1997:858–883.
[10] 杨正旗 . 中国书画装裱大全 [M]. 济南：山东美术出版社，1997.
[11] 夏冬波 . 文物与书画装裱 [M]. 北京：中医古籍出版社，2001.
[12] 中国书画装裱工艺学院书画装裱教研室 . 中国书画装裱艺术 [M]. 济南：齐鲁书社，2002.
[13] 冯增木 . 中国书画装裱 [M]. 济南：山东科学技术出版社，2002.
[14] 杜伟生 . 中国古籍修复与装裱技术图解 [M]. 北京：国家图书馆出版社，2003.
[15] 杨正旗，徐远新，徐战 . 中国书画装裱款式百例 [M]. 济南：山东美术出版社，2005.
[16] 康建国 . 中国书画装裱技法 [M]. 成都：四川科学技术出版社，2006.
[17] 严桂荣 . 图说中国书画装裱第 2 版 [M]. 上海：上海人民美术出版社，2008.
[18] 冯增木 . 中国书画装裱 [M]. 济南：山东美术出版社，2008.
[19] 冯增木 . 实用书画装裱款式图例 [M]. 济南：山东美术出版社，2009.
[20] 吴海滨 . 装潢与司命（上）古书画装裱与修复 [J]. 收藏家，2009（8）.
[21] 吴海滨 . 装潢与司命（下）古书画装裱与修复 [J]. 收藏家，2009（9）.
[22] 汪自强，施珩 . 图说中国传统手工书画装裱 [M]. 杭州：浙江摄影出版社，2010.

[23] 蒋保兴 . 中国书画装裱 [M]. 北京：文物出版社，2010.
[24] 马麟春，侯弟坤 . 锦上添花：中国书画装裱实验教学 [M]. 北京：人民美术出版社，2012.
[25] 叶萌至 . 中国书画装裱入门 [M]. 上海：上海社会科学院出版社，2012.
[26] 徐文娟，诸品芳 . 豆浆水在中国书画修复中应用性能研究 [J]. 文物保护与考古科技，2012（1）.
[27] 闫媛 . 传统书画装裱艺术与古今书画品评鉴定 [M]. 银川：宁夏人民教育出版社，2014.
[28] 吴春龙 . 吴春龙谈书画装裱 [M]. 呼和浩特：内蒙古人民出版社，2014.
[29] 童芷珍 . 古籍修复技术 [M]. 上海：上海古籍出版社，2014.
[30] 唐欢，王春，范文奇，周理坤，马冠华 . 馆藏纸质书画文物上霉菌的分离与鉴定 [J]. 文物保护与考古科学，2015，27（2）.
[31] 沈骅 . 书面文物断裂痕产生原因与修复装裱方法的研究 [J]. 文物保护与考古科学，2015，(A1).
[32] 凌志平 . 中国书画装裱和修复实例探讨 [J]. 南方文物，2016（2）.
[33] 何伟俊，张金萍，陈潇俐 . 传统书画装裱修复工艺的科学化探讨——以南京博物院为例 [J]. 东南文化，2017（6）.
[34] 南京博物院 . 中国书画文物修复导则 [M]. 南京：译林出版社，2017.
[35] 郑建军 . 故宫书画装裱案台制作研究 . 故宫学刊 第 19 辑 [M]. 北京：故宫出版社，2018.
[36] 薛吕 . 艺术类高校实验平台建设和教学管理指南 [M]. 上海: 上海大学出版社，2018.
[37] 王旭 . 王氏装裱技艺 [M]. 北京：北京美术摄影出版社，2018.
[38] 陆宗润 . 中国传统书画装裱与修复行业的传承与发展 [J]. 中国艺术时空，2018（4）.
[39] 刘贞伶 . 传统手工艺类非物质文化遗产现状与思考——基于苏州书画装裱修复技艺 [J]. 遗产与保护研究，2018（6）.
[40] 王博 . 书画装裱与修复 [M]. 北京：北京联合出版有限责任公司，2019.
[41] 邓昭宇 . 浅谈书画装裱修复中的全色技法 [J]. 中国文艺家，2019（12）.
[42] 陈虹利，何伟俊，陈潇俐，陈琦 . 传统书画装裱修复技艺多元价值及其体系构建探究——基于“苏裱”传承人访谈的思考 [J]. 东南文化，2021（5）.
[43] 沈骅 . 书画文物原装裱保护性修复——以《宋艳艳女史草虫花蝶图卷》为例 [J]. 文物保护与考古科学，2021（5）.

[44] 沈骅，徐文娟，裔传臻 . 特制绢地书画作品修复——以清代莫晋绢本书法立轴为例 [J]. 文物保护与考古科学，2022（3）.

[45] 沈骅 . 明清转边手卷镶接工艺探究——以《明仿米芾行书明道观壁记卷》为例 [J]. 文物保护与考古科技，2023（2）.

后　记

留存至今的古书画辗转变迁，承载着古人无限的艺术创作思想和时代风尚。历经时代洪流考验的书画艺术珍品，也是历史、文化、艺术、工艺等元素的物质载体。古书画保护与修复技术历史悠久，典籍史料留名的贡献者有范晔、虞和、魏徵、张彦远、米芾等。古人将实践经验上升到理论高度，推动了近现代古书画保护与修复工艺的发展。20世纪以来，随着科技的进步与修复理念的更新，预防性保护、最小干预原则，成为博物馆保护与修复工作备受关注的热点。人们科学严谨的保护态度，既有利于字画文物保存，也延续了字画文物的寿命，更促进了古书画保护与修复技艺的精益求精、日趋完善。

2008年9月，我校创设文物保护与修复专业，设置了书画和古籍保护与修复方向，应用与理论课程贯穿专业的学习与研究，吸引了文博行业和文物爱好者的关注。2016年9月，我校申请目录外试点专业，获教育部审核批准，成为国内首创的本科制的新兴学科。翌年春季，在国家文物局和上海市文物局的关心支持下，全国第一家文物保护与修复学院在我校成立。书画和古籍的保护与修复专业方向一直都备受关注，纸质、绫绢等有机材料修复难度大，极其考验学生们的耐心、信心和手的灵巧度。虽然近年来，书画和古籍保护与修复专业方向取得了显著成绩，但仍有诸多不足之处需完善。

此本教材编写难度较大，笔者才疏学浅，实操经验有限，理论知识尚在积累中，装裱技能和理论水平尚未达到完美。但在校方和学院领导高瞻远瞩、精心规划、积极鼓励下，此书几易其稿，终获完稿。其间经历了无数次的艰难与困境，幸得从业30多年的海派书画修复师魏培义、丁黎萍先生的帮助。另外，在此诚挚感谢文物保护与修复学院2019—2021级全体书画和古籍保护与修复专业学生的全力配合和付出，尤其感谢2021级书画专业王一丞、丁涵迪两位同学。王同学认真负责地完成了整本书基础材料和工具图片的拍摄；丁同学严谨认真绘制书画装裱形制示意图，教材中所有形制图皆由丁同学绘制、修改、成稿，最终在沈骅老师的帮助下定稿，虽过程艰难，但成果尚佳，当属较为详细、准确的手绘作品。

截至目前，本教材仍存在诸多细节问题需修正、完善，期待各位读者批评指正，为此书的再版提供更加专业的意见。

图书在版编目（CIP）数据

古书画保护与修复基础 / 汪苡恕，王平如，沈骅编著. -- 上海 : 上海人民美术出版社，2024.8
ISBN 978-7-5586-2912-9

Ⅰ. ①古… Ⅱ. ①汪… ②王… ③沈… Ⅲ. ①书画艺术－文物保护－研究－中国②书画艺术－文物修整－研究－中国 Ⅳ. ①K87②J212.052

中国国家版本馆CIP数据核字(2024)第048805号

古书画保护与修复基础

出 品 人：侯培东
总 主 编：季崇建
编　　著：汪苡恕　王平如　沈　骅
策划编辑：孙　青
责任编辑：潘　毅
排版制作：上海商务数码图像技术有限公司
技术编辑：齐秀宁
出版发行：上海人民美術出版社
地　　址：上海市闵行区号景路159弄A座7F　邮编：201101
印　　刷：上海丽佳制版印刷有限公司
开　　本：720×1000　16开　10印张
版　　次：2024年8月第1版
印　　次：2024年8月第1次
书　　号：ISBN 978-7-5586-2912-9
定　　价：68.00元

揭背

面粉糨糊的制作

清洗画心

染纸

托画心